写真
たっぷり！

あそびの
ポッケ

3・4・5歳児の

運動あそび

小倉和人／著

ひかりのくに

はじめに

本書で紹介しているあそびは、
①準備いらずで体が動かせるもの　②運動用具の使い方を工夫したもの　③一人ひとりが十分に楽しめるもの　④集団やチームとして力を発揮できるもの　などがあります。

　重要なのは、クラスの状況に合ったものを選び、繰り返し遊ぶことです。

　繰り返す中で、子ども一人ひとりが遊びのルールを理解しながら仲間とも共有し、更に深めていくことが子どもの育ちにつながっています。

　本来子どもが遊ぶというのは、「保育者を中心としたもの」ではなく、「子どもを中心とした遊び」になることです。本書のあそびには、集団で遊ぶものが多く、またルールがあります。子どもたちは、そのルールの中で熱心に取り組んでいきます。遊びの中では、数々のドラマが生まれます。喜び、自信につながること、悔しくて泣いてしまうこと、友達との関わりの中で力を合わせて一つの目標を成し遂げる様子、と遊びの中に成長していく子どもの姿がたくさん見られます。

　そこでは保育者は、子どもの成長のねらいをもってあそびに取り組めるよう環境を整えていくことが大切です。そして、子どもが遊んでいる姿を見守りながら楽しんで過ごせるように援助していくといいでしょう。

　まずは子どもの姿に合ったもの、ねらいとして合致しているものに取り組んでみましょう。本書を通して、子どもたちが幸せになるように、そして、保育者の成長の糧にしていただければうれしく思います。

小倉和人

本書の特長・見方

3・4・5歳児の運動あそびがわかる ポイント5

ポイント その1

写真がいっぱい！

写真で子どもの姿がよく分かるのは、園で本当に実践しているから。実践してみたときのコメントは、保育者目線で共感間違いなし。

遊んでみました！

ジャンプするときに、見ている友達は、掛け声（「ぴょん ぴょん ぴょん」など）をするようにするとジャンプしている子どもも見ている子どもも一緒に楽しむことができました♪

ポイント その2

育ちが分かる！

そのあそびの中で、子どもたちが何を学んでいるのか、どこが育っているのか分かります。

遊びを通して

両足を使ってジャンプする

ポイント その3

どうしてこの遊び？が分かる！

すべての遊びに解説つき。日々の保育の中で、意識したいことも分かります。

なるほど解説

ポイント その4

あそびたくさん

移動のあそびや体幹の育ちにつながるあそび、友達と関わる集団ゲームなど、幼児期の育ちに欠かせないあそびがたっぷり！

これにしよう！

やった！

えいっ！

ポイント その5

あそびを広げられる！

どのあそびにも、展開のヒントつき。興味をもった子どもたちがどんどん遊び込めます！

展開のカギ

もくじ

序章 運動あそび はじめのポイント ·········· 7

第1章 移動あそび ················· 19

第2章　体幹・バランスあそび ・・・・・・・・ 63

第3章　操作あそび ・・・・・・・・・・・・・・ 79

第4章　感覚・感触あそび ・・・・・・・・・・・・・・・ 99

第5章　集団ゲーム ・・・・・・・・・・・・・・ 115

序章

運動あそび
はじめのポイント

3・4・5歳児の この時期に大切にしたいこと

幼児期の運動あそびを行なうにあたって、大切にしたいこととは何でしょうか。「活動を細かく見ること」「子どものサインを読み取ること」をキーワードに見ていきましょう。

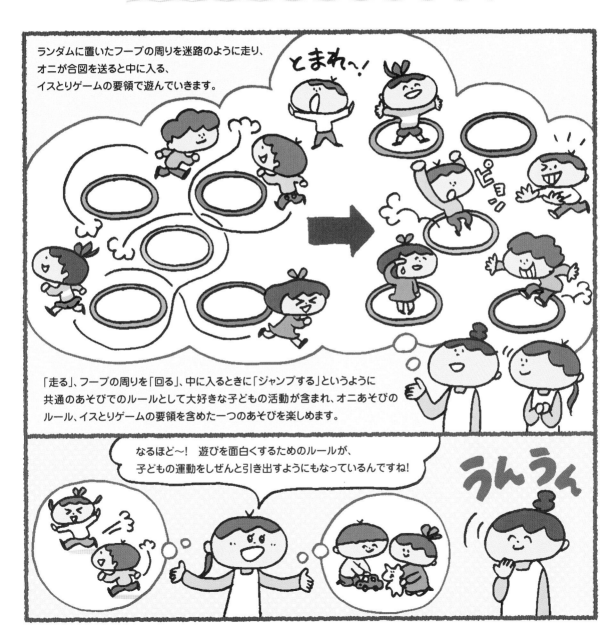

ランダムに置いたフープの周りを迷路のように走り、オニが合図を送ると中に入る、イスとりゲームの要領で遊んでいきます。

とまれ〜！

「走る」、フープの周りを「回る」、中に入るときに「ジャンプする」というように共通のあそびでのルールとして大好きな子どもの活動が含まれ、オニあそびのルール、イスとりゲームの要領を含めた一つのあそびを楽しめます。

なるほど〜！　遊びを面白くするためのルールが、子どもの運動をしぜんと引き出すようにもなっているんですね！

うんうん

子どもの姿を見て環境を整えていく保育

じ〜っ

それから、これも必ず必要です。きちんと子どものサインをキャッチして取り組んでいきたいものですね。

子どもの姿を十分に見守り、どのような活動をしたいのか、どのようなことに興味をもっているのかなど、見ていくんですよね!

本書の中の遊びは、実際に保育現場で遊び子どもが楽しいと感じたものばかりです。簡単なあそびは、子どもの大好きな動きを単純にしたものが基本となっています。自分のクラス・グループに必要な内容、この動きが面白そう、集団でできるゲーム的なものなど様々な視点からのアプローチをしてみましょう。

みんなで!

せーの!!

まずは子どもの姿をじっくり見つめ、簡単な内容から始めて、保育の中で展開してみます!

それぞれの年齢で大切にしたいこと

年齢での発達による活動の違いをきちんと把握することも重要です。

なるほど…

のぼる

トン　ジャンプする

とび箱のときでも、年齢に応じて遊びや運動を先に述べたようにひもといて進めていくってことですね!

そう、子どもの姿と発達段階を踏まえてあそびを通して何を目標にするのか、どのような子どもの成長を望んでいるのかを保育者がきちんと計画を立てる必要があります。

それでは、年齢別に大切なことを見てみましょう!

3歳 簡単なルールをみんなで楽しむ

3歳の前半は、まだまだ並行あそびが主として展開されていきます。その中でも、みんなで楽しめるものを繰り返し遊んでみましょう。簡単なルールを遊びに取り入れ、みんなで楽しもうとする雰囲気も、徐々に友達を意識しながら生活することにつながり、大切になってくるでしょう。

P20「ジャンプごっこでいったりきたり」

マットからマットへ行ったり来たりする移動のあそびです。その活動に展開としてフープのジャンプを入れています。行ったり来たりすることはいつもの遊びでも取り組んでいるので、このときは両足ジャンプにねらいを置いてみましょう。

5歳 仲間と共に進める

この年齢では、友達を意識したり力を合わせたりする姿が見られる遊びがお勧めです。遊びを繰り返し楽しんだ後、子どもたちと言葉のやり取りをして、このあそびをどのように展開していくのか、工夫をして引き続き取り組んでいくことがあそびを深め、子どもが夢中になる度合いを高めていくことにつながります。クラスでできることからチャレンジしてみましょう。

4歳　自信をもって取り組む

遊びの中で見られる、少しの成長を認め、コツコツと積み重ねていけるように心掛けましょう。自信をもって取り組めるようになった子どもの姿が、秋頃から見られるように1年間を過ごしていきましょう。

一人ひとりが自信をもって遊び・運動に取り組めるように考えてみましょう。3歳児と同じように、簡単な内容や理解しやすいものから始めます。少しずつ頭で考えていることと、自分の体の動きが一致してくることが増えてきます。その積み重ねで自信を少しずつもてるようになり、何にでも自分からまたは友達と一緒に、進んで取り組む姿も見られるようになってくる時期です。

P136「せんべいマット」

一人では難しいけれども、友達と力を合わせればできる、マットをひっくり返すという簡単なルールを取り入れています。「以前より力もついてきたし、できるかもしれない」「あっできた！　よし次も頑張るぞ!」や、「できるかな？　友達とならできるかも」「あっできた！　またやってみよう!」と子どもの気持ちの移り変わりに注目して、遊びを進めてみましょう。

P81「ボールをはこんでよっこいしょ」

同じチームの友達と一緒に、向こう側にあるボールを運ぶ遊びです。初めは一人で一生懸命玉を運ぶことに力を注ぎます。しかし、遊びを進めていくうちに、どのようにして運ぶのが一番いいのか、友達と力を合わせていくためにはどうするのかなど、5歳児なりの楽しみ方、あそび方が生まれてきます。

あそびのポイント

移動あそび／集団ゲーム

3歳児

遊びの中での移動を、初めは短い距離から遊んでみましょう。距離が遠いと、子どもは目標をもちにくくなります。短い距離で繰り返し遊び、その後少しずつ離す方がいいでしょう。また、体をコントロールする力も少しずつ体得できるようになれば、友達とぶつかりそうな場面でも、避けることができるようになってきます。また、移動先の座る場所、待つ場所なども「○○くんの席はここ」などと決めずに、自分で見つけて座ることができるといいでしょう。普段の生活でも、体のコントロールなどは同様のことが言えるでしょう。

4歳児

4歳児では、何か他のあそびも付け加えた内容で楽しむことができます。移動するあそびは3歳児のときに体得できていることが必要ですが、他のことにも気持ちを移すことができ、移動しながらボールを運ぶことや移動する方向、場所などの選択もできるようになり、移動あそびからゲームあそびへ移る段階を十分に楽しむことができます。

5歳児

5歳児になると、ゲームあそびや集団あそびに対して、一人ひとりが役割をもって取り組むことができます。自分は今どのように動けばいいのか、どうすればいいのかなど自分自身で目標を立てて取り組んでいくようになります。そして、その中には必ず友達への思いやりが含まれるようになっていきます。自分だけが進めばいい、勝てばいい、というものではなく、友達のことを見て仲間意識をもち、力を貸す、助ける、助けられるといった協同性へと発展していきます。一つのあそびですが、小さなステップを踏み、少しずつできるようになることが成長です。そしてそれが卒園の頃には保育所保育指針、幼稚園教育要領等で示されている子どもの姿へと発展していけるのだと思います。子ども一人ひとりの姿を認め、取り組んでいきましょう。

体幹・バランスあそび

　　幼児の世界では体を鍛えるという概念よりも、あそびの中でごくしぜんに体幹やバランス感覚を身につけるという考えで保育を進める方が望ましいでしょう。そのためには、遊びが常に笑顔で楽しく取り組めるものであることが必要不可欠です。鬼ごっこでもそうですが、走る・止まる・クルッと体を反転させる・しゃがむ・ジャンプするなどたくさんの運動要素が含まれています。鬼ごっこなどのあそびを楽しみながらこの章でのねらいまで進めることができるといいでしょう。ごくごく簡単なものでいうと、かかしのポーズがあります。「こんなポーズできるかな？」から始まってもいいでしょう。「初めは5つ数えるからね」と言って数え、できれば増やしてみましょう。しかし、そこには保育者のユーモアも含まれ楽しい雰囲気の中で取り組めるといったものが展開されれば、本書に載っているあそびも同様にチャレンジすることができると思います。子どもも保育者も楽しんで取り組んでいきましょう。

操作あそび／感覚・感触あそび

まけないぞー

もうすこしー

　この章では、子どもが頭で考えたり思い浮かべたりすることを、自分の指先、手のひら、上半身、下半身と、体全体をしっかりと動かしていけるような内容になっています。少々手先を動かすことが苦手な子どもでも、あそびを通して楽しみながら操作をしたり感覚や感触を経験したりしていくことで、それなりに体を動かすことはできるようになっていきます。しっかり考えて動く、この一見簡単そうなねらいともとれる言葉ですが、指先の操作という運動がないと難しいものになってしまいます。ここだけのカテゴリを行なえば育つというものでもありません。ほかの章に載せているあそびなども経験することで様々な運動機能が発達し、自分の思い描いているような動きができるようになってきて、集団での活動につながりを見せていきます。

ちょこっとアドバイス

本誌で載せている内容が難しい子どもがいた時は、乳児期の微細運動、感覚あそびをすることをお勧めします。「もう○歳児なのに…」とできないことを無理にやらせようとするよりも、その子どもがどのように成長するのかを考えて保育していくことの方が大切です。できたことで満足感を抱き、楽しいものへと進めるようにしていきましょう。

安全に留意しよう

危険予測

　幼児期になると、子どもたちの動きはダイナミックになっていきます。予想される活動をしっかりと考え、クラスの人数、遊ぶ場所などを考慮する必要があります。場所が広くとれない場合は2グループに分けるなどの配慮も必要です。また、運動用具、身近なものなどを使うこともあります。破損などは取り除き、必要なものは新しく購入して安全に取り組むことも保育者として大切でしょう。また、危険予測というものもスキルの一つです。ケガが起こりうる環境は、決して気持ちの良いものであるとはいえません。ただ、そのような危険性を知ることも子どもの成長にとって必要な部分でもあります。「これ壊れていて危ないね。新しいものと取り替えよう」などと子どもに知らせ、伝えると子どもは理解し、「これは危ないよね」と感じ、自らも気を付けるようになっています。

壊れてて危ないね

プールでは…

　水が絡むときには、より一層注意を払わなければなりません。プールあそび、水遊びでも子どもから目を離さずに安全に取り組める保育カリキュラムを構築していくことが望ましいでしょう。水の事故のみならず、肌の露出が多いので服を着ているときよりもケガの度合いが大きくなります。職員で連携をして安全に遊べる環境作りを整えましょう。

サーキット

　また、年間を通してサーキットあそびに取り組むこともあるでしょう。本書のあそびの内容を盛り込んでもとても楽しくなります。そのとき、子どもの待つ時間を極力減らすということに配慮しましょう。待ち時間が長ければ長いほど子どもが遊ぶ時間が減ってしまいます。スタートする場所を増やす、時間がかかってしまう活動があれば、ほかの場所でも時間をかけて取り組めるものを準備する、など工夫が必要です。そして、保育者の援助が必要な部分には必ずそばにいるように配慮するとケガのリスクもしぜんと減っていくでしょう。最後に、取り組む時間も気にしながら進めていくことが大切です。長い時間取り組むと、体も疲れ動きも鈍くなりがち。そのようなときにケガは頻発します。きっちり時間を決めて遊んでいきましょう。内容をよく見直し、子どもの動きをとらえながら展開のあるサーキットあそびをすると、あそびに夢中になっていきます。ケガをしない体をつくり、動きがあそびの中で育てることができればいいですね。

※ケガをしたときの応急処置もスキルとして身につけておくべきでしょう。

移動あそび

3　4　5

自分の気分と好みでジャンプ！

ジャンプごっこで
いったりきたり

遊びを通して
両足を使ってジャンプする

準備物
マット（2枚×2セット）、
フープ（複数）
●マットを離して置き、中央に
フープをランダムに設置する。

両足ジャンプをして、移動する

合図でマットから走ってスタート。間にあるフープに、必ず1回は
両足ジャンプで入ってから、向かい側のマットに移動します。マットの
間を行ったり来たりして繰り返し楽しみます。

な　る　ほ　ど　解　説

自分で探してジャンプする

足をそろえて跳ぶ活動はとび箱につながり、
跳びたいフープを自分で探す活動は園生
活において自分で考えて行動することにつ
ながります。また、友達とぶつからないよう
に体を動かすことや、見通しを立てて遊ぶ
といったねらいも大切になってくるでしょう。

展　開　の　カ　ギ

フープの並べ方を工夫しましょう。

「グーグーパー」に
なるように。

1列につなげて。

遊んでみました！

ジャンプするときに、見
ている友達は、掛け声
（「ぴょん ぴょん ぴょん」
など）をするようにすると
ジャンプしている子どもも
見ている子どもも 一緒に
楽しむことができました♪

※初めはマットからマットへの移動を繰り返し遊び、慣れてきたらフープを置きましょう。

3〜4
歳児

遊びを通して
●友達と協力する
●友達と思い切り体を動かす

3〜4歳児

移動あそび

ジャンプごっこでいったりきたり・マットでシュルル〜ン!!

シューッと滑るマットが不思議！

マットでシュルル〜ン!!

準備物　マット

雑巾掛けの要領でマットを押して進む

マットを裏返し（滑り止めの面を上にする）、3〜4人で雑巾掛けをするように前に押して進みます。折り返し地点まで来たらマットの反対側に回り、再びスタートします。

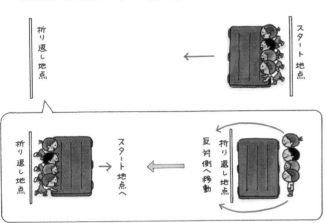

なるほど解説

生活に必要な力が身につく

雑巾掛けの姿勢は子どもにとって非常に難しく感じられるものかもしれません。しかし、遊びの中で繰り返し経験することで、楽しみながら身についていきます。心肺機能や腕支持の力、足や腰の動きを滑らかにするなど、たくさんの育ちが含まれています。

展開のカギ

慣れてきたら、チーム対抗にして遊んでも盛り上がります。

せーの

遊んでみました！

初めにマットを雑巾に見立てて「いつも使っているお部屋をピカピカにしよう！」とことばがけをすると、張り切って楽しむ姿が見られました。

1,2,
1,2……

3〜4 歳児

一つひとつチカラを発揮！

タッチ・タッチ・リレー

遊びを通して
● 走る
● ジャンプする
● 回る楽しさを体感する

準備物

カラー標識、フープ、円形バトン

様々な動きのリレー遊びを楽しむ

スタート位置に置いたフープに円形バトンを持って入り、合図でスタート。
カラー標識にタッチをしてスタート位置まで戻ったら、次の友達にバトン
を渡し、一番後ろに並びます。
※初めは「走る」だけで遊び、慣れてきたら順に「ジャンプ」「回る」を入れてい
きましょう。

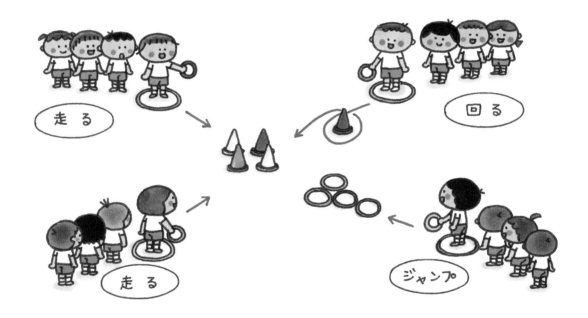

なるほど解説

大好きな動きを楽しむ

子どもの大好きな「走る」「ジャンプ（跳ぶ）」「回る」動きをリレー形
式で楽しむ内容です。3・4歳児は「自分でやってみたい！」という気
持ちを強くもつ年齢。競争心旺盛なあまり、ジャンプやカラー標識
を回る動きなどアバウトになりがちです。チームとして力を合わせ
ることを理解して遊べるようにしていきましょう。

展開のカギ

フープやカラー標識
の数を増やし、距離
を伸ばして遊んでみ
ましょう。

走る

回る

途中に置いたカラー標識を回って進む。
※帰りもカラー標識を回る。

\いそげ〜！/

\タッチ！/

ジャンプ

フープをジャンプして進む。
※行きはグーグーパー、帰りは
　パーグーグー。

遊んでみました！

「走る」「ジャンプ」はスムーズに遊べましたが「回る」は少し混乱する子どももいました。しかし、競走ということもあり、どの子も楽しそうに参加していました。

23

3〜4歳児

バランスを保ちながら体をコントロール♪

マットで迷路

準備物

マット
● マット2枚を縦につなげる。

マットの縁を爪先だけでカニ歩き

スタートからマットの縁を爪先だけで横向きに歩いていきます。
かかとをつけず、親指に力を入れてゴールまで進みます。

あそびのコツ

初めは短い距離で、速さを競わずじっくりと。

※人数が少なければスタートして1周回ってくる。多ければ2チームに分ける。

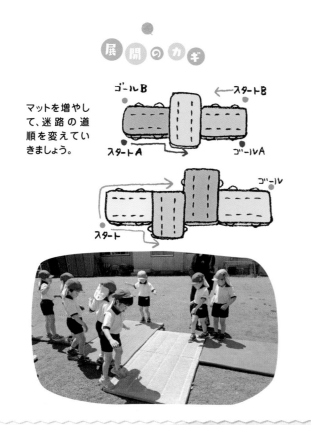

展開のカギ

マットを増やして、迷路の道順を変えていきましょう。

遊んでみました！

ふだんからあまりしない運動なので、取り組んでよかったです！

なるほど解説

かかとを上げてバランス遊び

マットを並べるだけで、バランス遊びがすぐにできます。かかとを上げて端を伝っていくと、足の筋肉に刺激を与え、歩く・走る・上る・下りるなどの運動につながっていきます。

3〜4歳児

できるかな？　から、できる！　という自信へ

よことびサーキット

準備物
マット、積み木（長イス、平均台でもOK）

両手を着いて横跳びで進む

マットに着いた両手を移動させながら横跳びをして進みます。
繰り返し遊んでいきましょう。

Ⓐから右に進む→Ⓑへ移動して左に進む→Ⓐに戻って繰り返す。途中に積み木を置いて高さを変え変化を付けます。

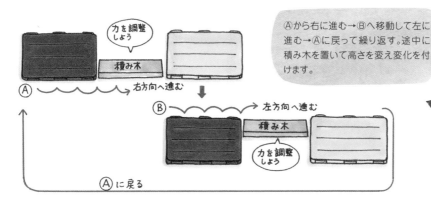

力を調整しよう　積み木

Ⓐ　右方向へ進む

Ⓑ　左方向へ進む　積み木

力を調整しよう

Ⓐに戻る

ジャンプ

よいしょっ！

※隣の友達との距離を考えながら進みましょう。

遊んでみました！
①手を着く②ジャンプするこの①②の繰り返しがなかなか連動していない子どもの姿が見られましたが、友達の様子を見て徐々にできる子が増えていき、最後には半分以上の子ができるようになりました。

なるほど解説
イメージした動きができるように
頭でイメージした感覚と、実際にやってみたときの感覚が違うと感じることがあります。「難しい」と諦める言葉が出るかもしれませんが、友達の姿を見たり声援を受けたりすることで、「やってみよう」とする気持ちの変化が表れます。イメージする動きができるように体を動かして遊んでみましょう。

展開のカギ
スタート位置を分散させてみましょう。

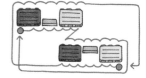

3〜4歳児

リズム感覚と判断力！

ぴょんぴょんダッシュ

遊びを通して
- リズムと判断力
- 調整力

準備物
フープ、リングバトン、マット

① フープの道を走り抜ける

二人一組になり、一人がバトンを持って並べたフープを走り抜けます。もう一人は、お助けマンになって並走します。フープが動いてしまったら、お助けマンが直します。

バトンを持っている子

お助けマン

あそびのコツ
順番にフープを走ることにチャレンジしてみましょう。

遊んでみました！
役を交代することが楽しかったようで「ハイ！」と交代する姿が見られました。友達が走る様子を見て、遊び方を覚える子どももいました。

② 役を交代して折り返す

マットまで行ったら役を交代して折り返し、次の子どもにバトンタッチします。

ありがとう！

よいしょ

スタート

折り返し地点

タッチ！

なるほど解説

二人で協力しながら調整

フープの位置によってジャンプする足が変わったり、距離が延びたりと変化が出ます。ジャンプをする子どもは力の調整をすることが必要です。また、フープを移動する子どもは、フープの距離感の調整が大切になり、二人で協力しながら進んでいきます。交代しても同じように上手に進んでいけるかどうかがカギとなり、最後は達成感を一緒に感じられるといいでしょう。

展開のカギ

ジャ〜ンプ！

距離を延ばしたり、フープの位置を変えたりしてもいいでしょう。

3～4歳児

遊びを通して
友達と息を合わせる

手をつないでみんなでジャンプ

おとなりピョンピョン!!

準備物 フープ（3本一組）

① タイミングを合わせてジャンプする

3人一組で手をつないで進み、フープの中に入ります。手をつないだまま3人でタイミングを合わせてジャンプし、フープを一つずつ移ります。

② 次の3人にバトンタッチ

3回ジャンプして最初のフープに戻ったら、横1列で手をつなぎ、スタート地点まで走って戻り、次の3人組にタッチします。

ジャンプ！

バトンタッチ！

※コースはたくさん準備しましょう。人数に余裕があれば、新しい3人組をつくって遊びます。

なるほど解説
気持ちを合わせて遊ぶ
3人の気持ちを一つにする遊びです。「せーの!」と声を掛け合ってジャンプしてもいいでしょう。誰かがリーダー役になって合図を出すなど、少人数でも、心を通わせて目標を成し遂げようとする姿が見られるといいですね。

展開のカギ
リレー形式で遊んでみましょう。

遊んでみました！
ジャンプのときに一人が「せーの!」と声を出すと、他の二人も少しずつ声を出して息が合うようになりました。

3　4　5

3〜4歳児

おとなりピョンピョン!!・ナワナワジャンプ

長縄をみんなで跳ぼう♪

ナワナワジャンプ

遊びを通して
友達と一緒にタイミングを合わせて跳ぶ

準備物
長縄（短縄をつなげてもOK）、フープ3本、カラー標識

3人一緒に縄をジャンプする

フープを3本並べて置き、それぞれに一人ずつ入ります。ほかの子どもは好きなフープの後ろに並んで座ります。3人で「よーいドン!」と言って走ってスタートし、いろいろな動きをする縄を一緒にジャンプします。終わったらカラー標識を回って外側を通り、再び好きな列に並びます。繰り返し遊んでみましょう。
※順番が前後して組合せがバラバラになってもOK。新しい3人組でスタートします。

①床に置いてジャンプ

②10cmぐらいをジャンプ

③30cmぐらいをジャンプ

※またいでもOK。

④ヘビ

⑤小波

⑥大波

遊んでみました!
保育者が動かす長縄の高さに合わせて、縄の下をくぐる子や跳び越えられなくても果敢にジャンプする子など、子ども自身が考えて遊べていたように思いました。

なるほど解説
一人ひとりの個性が光る
少人数で一緒に遊びながら共有できる面白さがある遊びです。縄の跳び方は一人ひとりのオリジナルで。そのオリジナリティーが自信へとつながります。繰り返し遊んでいるうちに、保育者も一人ひとりの姿を十分に把握できると思います。子どものステキな部分を見つけてあげてください。

展開のカギ
縄を2本に増やして遊んでみましょう。他クラスと合同で遊んでも面白いです。

遊びを通して
● 体をコントロール
● 表現する力

3～4歳児

リズムを楽しむ気持ちと、子どもの表現力がアップ！

なりきりストップ

① リズムに合わせて歩く

「1・2・1・2」の掛け声で歩きます。

1. 2. 1. 2 . . . .

あそびのコツ

初めは合図で止まる、再びスタートの繰り返しで遊んでいきましょう。

なるほど解説

表現を引き出して

歩いて止まる、この動きは脳の前頭前野への刺激を促すものとされています。その中で、個々に表現することへの意欲や力を発揮できればいいですね。保育者の見守りやことばがけで、少し違った見方からの表現になっていくものです。子どものチカラをたくさん引き出せるようにしていきましょう。

展開のカギ

変身したまま歩いて移動してみましょう。

ぴょん　ぴょん

② 保育者の合図の後、「○○○」でポーズをする

○○○には、子どもがイメージしやすいものを伝え、変身します。
再び歩き出し、繰り返し遊びましょう。
※遊びに慣れてきたら、音楽に合わせて歩いてもいいでしょう。

ダンゴムシ

かかし

ワニ

遊んでみました！

友達と姿を見せ合って表現すると、遊びが広がっていきました

カエル

ウサギ

大きなものを持って、どっこいしょ！

とんがり山

準備物
カラー標識3個、フープ4本、円形バトン
●フープを並べ、カラー標識（とんがり山）を置く。

❶ とんがり山を重ねる

チームに分かれて遊びます。先頭の子どもが円形バトンを持ち、合図でスタート。手前のフープにバトンを置いてから、BとCのとんがり山をAのとんがり山に重ねていきます。子どもが自分で考えて動かします。

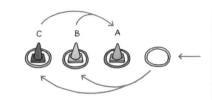

よいしょ！

2ほん、いっきにはこぶぞ〜！

おも〜い！

❷ とんがり山を元に戻す

終わったらバトンを取って次走者に手渡します。次走者はバトンを同様に置き、重ねたとんがり山をそれぞれ元の位置に戻します。これを繰り返し、早く終わったチームの勝ちです。

あと1ぽん！

遊んでみました！

友達の姿を見てやり方を考える子どもが多かったです。一方、自分で気付くのに時間がかかる子どももいましたが、周りの子どもが数える姿が見られチームとしての意識もしぜんと芽生えました。

なるほど解説

勝ち負けにこだわりをもてるように

ルールを理解することはもちろん、友達が運ぶ姿を見ながら、どのように進めていったらいいかを考えて遊んでみると、楽しさも増していくでしょう。チームとしての意識が少し芽生え、勝ち負けにこだわりをもてるように、繰り返し遊んでみるといいですね。

展開のカギ

●とんがり山の位置を離して遊んでみましょう。
●とんがり山の大きさを変えてみても楽しいです。

3〜4歳児＋卒園児

遊びを通して
● サポートをする
● バランスをとる

おんぶや手押し車で遊んでみよう

おんぶと車でレッツゴー

準備物　マット

行き（①②③をしながら）

帰り（手をつないで戻る）

Ⓑ　　　　　　　　　　Ⓐ

1 異年齢で協力し、3つのお題に取り組む

異年齢3人でチームをつくり、3つのお題を一つずつクリアしていきます。

①おんぶ（1回目）

おも・た〜い！

5歳児が3歳児をおんぶし、Ⓐ→Ⓑへ移動する（4歳児は後ろでサポート）。

②おんぶ（2回目）

ついた!!

5歳児が4歳児をおんぶし、Ⓐ→Ⓑへ移動する（3歳児は後ろでサポート）。

③手押し車

3・4歳児が5歳児の足を片足ずつ持って、Ⓐ→Ⓑへ移動する。

よいしょ、よいしょ！

ダッシュ！

Ⓑに着いたら手をつないでⒶに戻ります。

❷ 新しい3人組をつくって繰り返し遊ぶ

最後にⒶに戻ったら、3人で「あくしゅ　あくしゅ　あくしゅでバイバイバイ」と言って握手をしてから別れ、
新しい異年齢3人組をつくって繰り返し遊びます。

遊んでみました！
4歳児は5歳児におんぶしてもらい、ニコニコとうれしそうでした。3歳児がおんぶされている間、しっかり支えようと張り切っていました。

いっしょに
やろう ー！

あくしゅで
バイバイバイ

なるほど解説

繰り返し遊んで体得する
異年齢でサポートをしながら、関わりをもって取り組んでいきましょう。どのようにすれば友達を支えることができるのかなど、繰り返し遊ぶうちに体得していきます。体の重さを感じ、力の入れ具合を調整する力も身についてくるでしょう。

展開のカギ

島渡り遊びのように直線コースを設定して遊んでみましょう。

Ⓐ➡Ⓑ3歳児をおんぶ

Ⓑ➡Ⓒ4歳児をおんぶ

Ⓒ➡Ⓓ5歳児が手押し車

※マットはラインやカラー標識、
またはフープなどで代用しても
OK。

33

3　4　5

遊びを通して
● 体をコントロール
● よく話を聞く

準備物
マット（子どもがスムーズに回れるように）、マーチ曲
● マーチ曲を流しておく。

あたまとからだをフル活用!

チョイスで
グルグルストップ

マットの周りを回る

「チョイス一覧」の①〜⑩の中から進み方を選び、合図（笛1回）でスタートしてマットの周りを回ります。合図（笛2回）でストップし、再び進み方を選んで繰り返します。

④ハイハイ

①歩く

⑤クマ歩き

● **チョイス一覧** ●

① 歩く 基本の動き	② 走る	③ 両足ジャンプ	④ ハイハイ	⑤ クマ歩き	⑥ カニギャロップ	⑦ おうまさん	⑧ ケンパ（グーグーパー）	⑨ うしろ歩き	⑩ うしろ走り

⑥カニギャロップ

⑦おうまさん

⑧ケンパ

ケンケン

パッ

⑩うしろ走り

ピッピッ

ぴたっ

※「①歩く」→「④ハイハイ」→「①歩く」→「⑥カニギャロップ」→「①歩く」…のように、基本の動きとなる①・②の動きを間に挟んで遊んでみましょう。

なるほど解説

「動いて止まる」の繰り返し

「動いて止まる」の繰り返しは、体の様々な部分に良い刺激を与えるといわれています。遊びの中でルールを共有したり、一緒に遊ぶことの楽しさを感じることができればいいですね。

遊んでみました！

様々な動きをみんなが楽しんで参加できていました。

応用・展開へ

35

3 歳児　グルグルストップでオニあそび

準備物 マット

① 『チョイスでグルグルストップ』をします。ストップの合図の後に保育者が「オニさん」と伝えてオニになります。

② 子どもは真ん中のマットへ逃げ、オニは促すように追いかけます。繰り返して遊びます。

遊んでみました！

いつ「オニさん」と声が掛かるのか、ドキドキ感も楽しんでいました。

4 歳児　ポーズでふとん

①だんごむし

準備物
マット（基本は真ん中に、子どもの人数で幅をもたせる）

② かかし

① 『チョイスでグルグルストップ』をします。ストップの合図で①~③の中からポーズを選びます。繰り返し遊びます。

② 保育者が「布団！」と言ったら、マットを布団代わりにして潜ります。

③飛行機

遊んでみました！

「布団！」でマットの下に潜るときは、声をあげて喜んでいました。

布団！

一人ひとりのペースで

ひと電

準備物

トラック（カラー標識でもOK）、フープ（園児15人に5〜7本）、マット（園児イスでもOK）

フープに入ってトラックを一周する

初めは5人程度が運転士になってフープに入ります。合図でスタートし、トラックを一周したら駅（マット）で待っている子どもと交代します。走り終わった子どもは列の後ろに並び、繰り返し遊びます。

※室内（ホールなど）でも十分に遊べるので、梅雨の時季にもおすすめです。

あそびのコツ

トラックは一気に走り抜けられるほどの大きさにしましょう。

\ すすむぞ〜 /

遊んでみました！

交代するごとに「普通電車」「特急電車」「新幹線」と伝えることで、子どもたちは進む速さを考えて楽しそうに走っていました。

な る ほ ど 解 説

ルールを共有しながら、自分のペースで

競争ではないので、スピードの速い遅いは自分で決めることができます。ルールを共有して誰とでも交代でき、一人ひとりが電車ごっこを楽しめる環境をつくっていきましょう。

こうたいだよ！

応用・展開へ

3歳児 かえっこ電車

準備物

フープ（クラスの人数の1/2）、マット（ラインでもOK）、とび箱（巧技台）、長イス、平均台　など

① 二人一組で電車になります。運転士はフープの中に入り、お客さんは外側からフープを持ちます。

② 合図でスタートし、途中にあるとび箱や長イスなどの上を通って進みます。一周したら駅で前後交代し、繰り返し遊びます。

よいしょ！

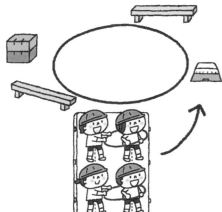

だいじょうぶ？

遊んでみました！

とび箱などを出すと、相手のことも考えて進まないといけないことに気付き、声を出し合いながらスピード調節をしていました。

しゅっぱーつ！

4歳児 # ハッスル電車

準備物
フープ（クラスの人数の1/2）
●トラックの外にランダムにフープを置く。

① スタートの合図で全員が走り、1回目の合図で好きなフープに入って、二人組になります。ジャンケンで運転士とお客さんに分かれ、電車になって走ります。

② 2回目の合図で止まり、保育者がランダムに「運転士」「お客さん」「みんな」のいずれかを伝えます。言われた子どもはフープから出てトラックの周りを走ります。

③ 3回目の合図で走っていた子どもが近くのフープに入って二人組になり、その場でジャンケンをして運転士とお客さんを決めます。再びスタートし、繰り返し遊びます。

スタート

ジャンケンポン！

しゅっぱつだー！

遊んでみました！

運転士〜！

「運転士、お客さん、みんな」の中からどれになるのかドキドキして待つ姿が見られました。最後は、息を切らすほど体を動かして楽しむことができました。

39

それぞれの役割を楽しもう

フープで
ジャンプトンネル

遊びを通して
● 友達の動きをよく見る
● タイミングを合わせる

準備物
フープ（二人で1本）

① フープを通してジャンプ

ランダムに広げたフープの横に4歳児が一人ずつスタンバイします。3歳児が来たら、4歳児は3歳児の頭からフープを通します。フープが足元まで来たら3歳児がジャンプをし、4歳児はそれに合わせてフープを引き抜きます。

あそびのコツ

声を出すなどしてタイミングを合わせてフープを引き抜こう。

\おろすよ〜！/

\ジャンプ!!/

ひくぞー！

② フープのトンネルをくぐる

4歳児がフープでトンネルを作り、3歳児がくぐります。
終わったら3歳児は違うフープへ移動し、繰り返し遊びます。

\くぐれた〜！/

遊んでみました！

3歳児はジャンプやトンネル
ができるとうれしくて、しぜんと
笑顔になっていました。
4歳児はフープの高さを
3歳児に合わせてあげる
場面もあり、良い関わりが
見られました。

な る ほ ど 解 説
一つの遊びを共有する中で
遊びを共有する中で、ジャンプやフープを引くタイミングなど子
どもが体得する様々な要素があります。一つひとつを繰り返し遊
ぶことで、できたことは自信につながり、できないことはともに頑
張る姿が見られ子どもの成長がうかがえます。

応用・
展開へ

41

3・4歳児 リレーでジャンプトンネル

準備物

フープ、カラー標識、リングバトン、マット

① 二人でリングバトンを持ってスタートし、カラー標識にバトンを掛けて（①）マットに進みます。

② 最初のマットで頭からフープを通してジャンプ（②）をしたら、次のマットに移動してフープのトンネルをくぐります（③）。最後はリングバトンを持って（④）スタートまで戻ります。

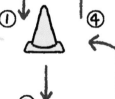

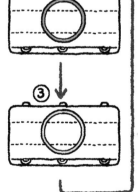

遊んでみました！

お兄ちゃん、お姉ちゃんとペアになり、リレー形式だと分かると目をキラキラさせる3歳児でした。4歳児は「こっちだよ！」などと、優しくリードしていました。

3・4歳児 # お散歩道でこんにちは！

準備物
フープ（人数の1／2）

ランダムに置いたフープの周りを散歩します。合図で
二人がフープに入り、「こんにちは！」と挨拶してから
交代でトンネルをくぐります。1回ずつくぐったら座り、
合図で再びお散歩をスタート。繰り返し遊びます。

\ こんにちは！ /

慣れてきたら…

トンネルをくぐる
▼
フープを通してジャンプ
▼
二人でフープを持って回る

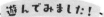
行なうことが少し
ずつ増えると声を
掛けたり、目で合図
を送り合ったりし
ながら 交代で
楽しんでいました。

5秒間回ったら
反対回りをする。

こっち置く？ あれ、こっち？ 瞬時に判断して遊んでみよう！

どっち？　置いてリレー

遊びを通して
● ルールの理解
● 判断力

準備物

玉 入 れ の 玉（紅・白）、
リングバトン、フープ

どっちを置くか判断する

2チームに分かれてリレーをします。1回目は、玉入れの玉とリングバトンを持ってスタートします。フープの中に玉を置いたら折り返し、次の友達にバトンタッチ。これを繰り返し遊びます。2回目は紅玉と白玉を持ってスタート。フープにどちらの玉を置くか決めておき、同じように遊びます。よく見て玉を置いてみましょう。

あそびのコツ

3歳児は、手渡す、受け取るなどの基本的な活動を楽しもう。

③次の友達に
バトンタッチ。

①リングバトンと玉（2回目は紅玉と白玉）を持ってスタート。

あそびのコツ

初めはすぐに帰って来られる距離にしよう。

②フープに玉（2回目は紅白どちらか決めた方）を入れて折り返す。

1回目（リングバトンと玉）

たまをいれて〜！

ダッシュで
かえるぞ〜！

なるほど解説

興味をもって取り組む

行って帰るだけの簡単な内容ですが、注意しないと、リングバトンを置いてきたり、玉を持たずに走ったりすることもあるでしょう。友達の遊んでいる姿にも興味をもって取り組んでみよう。

遊んでみました！

最初は手を見てどちらを置くか悩んでいましたが、慣れてくると自信をもって置き、走るスピードも上がって楽しんでいました。

2回目（紅玉と白玉）

まちがえないように…

あか

応用・展開へ

45

3歳児 スペシャルリレー

準備物
玉入れの玉、リングバトン、頑張れ応援グッズ（旗、マラカス、ポンポン、うちわなど）、フープ、マット（テーブルでもOK）

玉入れの玉とリングバトンを持ってスタートします。フープの中に玉を置いたら、マットに置いてある頑張れ応援グッズの中から好きなアイテムを一つ選んで持ち帰り、次の友達にバトンタッチ。ゴールした子どもから、友達の応援をしましょう。
※運動会で他の年齢の競技を応援するときなどにも使えます。

がんばって〜！！

③次の友達にバトンタッチし、グッズを持って応援する。

①玉とリングバトンを持ってスタート。

②フープに玉を入れ、応援グッズを一つ選ぶ。

ポンポン

遊んでみました！

応援グッズをじっくり選びたいけれど「はやくもどらないと」と焦る子どもや、「まあ、いいか」とのんびり選ぶ子どもがいて面白かったです。

どれにしようかな〜？

ポンポンにしよう！

4歳児 ## ハッスルリレー

準備物

玉入れの玉、リングバトン、フープ、短縄

① 二人組でリングバトンを持ってスタートし、一つ目の縄を一緒にくぐります。

② 二つ目の縄は一緒にジャンプして跳び越えます。フープの中の玉を取ったら折り返し、帰りはジャンプ→くぐる。スタートに戻ったら次の二人組とバトンタッチします。
※縄を通るときの活動は保育者が決めて行なってもいいでしょう。小さくなってくぐる&ニョロニョロヘビジャンプ　など。

＼くぐるよ〜！／

①リングバトンを持ってスタート。

②縄をくぐる。

③ジャンプして跳び越える。

④玉を取ったら折り返す。

＼ジャンプ！！／

遊んでみました！

折り返して帰ってくる際、最初は手を離してしまうこともありましたが、次第にコツをつかんで楽しむ姿が見られました。

47

4〜5歳児

3　4　5

あっちこっちにジャンプ

じゃんぷツイスト

遊びを通して
イメージどおりに体を動かして
みる

準備物
フープ、カラー標識

① 両足ジャンプで進む

4つのグループに分かれます。2列並べたフープの両側
にそれぞれ並び、一方から両足ジャンプをして進みます。

まえ！

遊んでみました！
競争ではないことを
初めにしっかり伝え
ることで一つひとつの
フープを丁寧に跳ん
でいました。
いろいろなことを意識
して跳ぶので楽しむ
ことができました。

② 体をひねってジャンプ！

カラー標識の所まで来たら、その方向に体をひねるよう
にジャンプし、また前向きになって進みます。

③ 次の友達にタッチ！

向こう側まで行ったら、待っている友達と両手
タッチ。同様にジャンプで進みます。これを交互
に繰り返し遊んでいきます。

なるほど解説
体全体でジャンプする
両足ジャンプをしながら体全体をひねる遊びです。イメージを膨らましながらジャン
プしなければ、体が付いてこず顔だけがカラー標識の方を向いてしまいます。繰
り返し遊ぶうちにしっかりと自分の思い描いている方向にジャンプすることができ
るようになるので、遊び込みましょう。

展開のカギ
方向を変えるカラー標識を増やして
遊んでみましょう。また、チーム対抗
にして遊ぶと場の雰囲気が盛り上が
り、意欲的にジャンプをしていきます。

4～5歳児

できたときに、うれしい♪
三角ゴムとび

遊びを通して
- 調整力を養う
- リズム感を育む

準備物
平ゴム（白色、長さ5m 50㎝～6m、幅7㎜が遊びやすい）

『ごんべさんのあかちゃん』の歌に合わせてゴム跳びをする

3人一組になり、二組で遊びます。一組が柱役になり、ゴムを足首に掛けて三角形に広がります。もう一組がゴムの外側に立ち、歌に合わせてゴム跳びをします。役を交代して繰り返し遊びましょう。

※初めは、ゴムの高さを子どものくるぶしの下にします。ゆっくりと時間を掛けて遊びましょう。

♪ごんべさんの（中）あかちゃんが（外）かぜひい（中）た（踏む）×3
　そこで（中）あわてて（外）しっぷし（中）た（踏む）

※『ごんべさんのあかちゃん』（作詞／不詳　アメリカ民謡）

※「せーのっ!」「はいっ!」などの声を掛けると、タイミングがとりやすいです。

中

外

踏む

遊んでみました!
ゴムを高くすると難しくなり、見ている柱の子の「やってみたい」という意欲が増し、繰り返し楽しむことができました。

**なるほど解説**
タイミングを合わせて跳ぶ
友達と関わりながらタイミングを合わせるために自分の体をうまく調整する力が必要になります。先走ってどんどんジャンプしたり、またはゆっくり跳びすぎたりせずに、周りに合わせて跳んでみましょう。

**展開のカギ**
- ゴムの高さを変えてみましょう（くるぶし、膝 など）。
- 川の字にして一列で跳んでみましょう。

49

4～5
歳児

一人のときよりも二人でするともっと楽しい！

おいもゴロゴロW

準備物
マット4枚、カラー標識、
円形バトン

1 バトンでつながったまま転がる

二人一組で遊びます。それぞれバトンを1本持ち、合図でスタート。
マットの上に寝転んで互いのバトンを持ち合い、転がりながら端まで
進みます。

※マットは縦横2枚（計4枚）。2枚で遊ぶ場合は頭を保護しましょう。
※室内で遊びます。

ゴロゴロ～

あと
すこし！

2 カラー標識を回って折り返す

マットの端に着いたら、自分のバトンを持ち、走って
カラー標識をUターン。①と同様に転がってスター
ト地点まで戻ったら、それぞれ自分のバトンを次走
者に渡します。

なるほど解説

互いを思いやる気持ちを育てる

転がるときは、自分の体を真っすぐにしながら進むことが大
切です。まずは一人で転がってみましょう。その後、この遊び
のように競技性をもった内容に進めていくといいでしょう。遊
びの中で相手を思いやる気持ちも育てていくことができれば
いいですね。

展開のカギ

転がった後にバト
ンでつながっ
たまま、なべな
べそこぬけで背
中合わせになら
ずそのまま一回
転してみましょう。

遊んでみました！

初めはうまく転がれま
せんでしたが、「せーの！」
と合図を掛け合うと、
上手に転がれるようにな
りました。マットからずれてし
まったことに気付くと、「もう
1かいしよう！」と粘り強く
挑戦していました。

3 4 5

おいもゴロゴロW・ばったん！　ばったん！

協調性と受け身の活動

ばったん！　ばったん！

遊びを通して

友達と力を合わせる楽しさを味わう

準備物 マット

❶ マットを起こして一緒に倒れる

二人もしくは3人で1チームを作り、合図でマットを起こしてマットと一緒に倒れます。手の着き方に気を付けましょう。これを繰り返し前に進みます。

※1コースにつき2〜3枚のマットを設定しましょう。

\よいしょ！/

❷ 折り返したらバトンタッチ

折り返し地点まで進んだら、反対側から同様にして戻ります。次のチームがスタートします。

\バタン！/

あそびのコツ

マットを倒す際、真っすぐ倒れるように援助しましょう。

遊んでみました！

3人で「さんはあい」と声を掛けて息を合わせていたのが印象的でした！

なるほど解説

倒れ込むことも楽しみに

初めは腰が引けてしまいがちですが、次第に、しゃがんで持ち上げる動きを覚えていきます。遊びに慣れてくると、倒れ込むことも楽しみになっていきます。しっかり体全体で受け身の姿勢がとれるといいですね。

展開のカギ

みんなで！

競技ごっこのようにして遊びます。
※しっかり3人でマットを動かすよう、保育者が見守りながら競ってみましょう。

せーの!!

3　4　5

4〜5歳児

友達の山をくぐったりジャンプしたり

トンネル山とペッタン山

役割がどんどん変化するのを楽しむ　※20人設定

クラスの5分の3程度の子どもがランダムに広がり、「トンネル山」（手足を床に着けて腰を上げる）になります。残りの子どもは、最初に好きなトンネル山（★）を選んで、互いの体が触れないようにくぐります（くぐられたトンネル山の子どもはうつ伏せになり「ペッタン山」に変わる）。次に別の「ペッタン山」（★以外）を見つけて、両足ジャンプをして跳び越えます。両方終わったら役割を交代し、繰り返し遊びます。

※山役の子どもは、自分を選んでもらえるように、どうアピールするかがポイントです。

つぎはペッタン山！

こっちとんでー

★あたらないように…

つぎはペッタン山になるよー

トンネル山をくぐる

ペッタン山をジャンプ

役割交代

●トンネル山の子ども
　そのままトンネル山
●ジャンプされた
　ペッタン山の子ども
　ジャンプした子どもと交代
　（ジャンプした子どもは
　トンネル山に）
●ジャンプされなかった
　ペッタン山の子ども
　そのままペッタン山

遊んでみました！

初めは自分が今どの役なのか分からなくなる子どももいましたが繰り返すうちにルールを理解していきました。子ども同士で教え合う姿も見られました。

なるほど解説

自分が何をすればいいのか把握する

一つくぐれば、別の山を探す、できたら役割交代というように、自分は何をすればいいのかを考えて取り組みます。遊び全体の時間は短めに設定して、保育の時間にいつも取り組めるようにしていきましょう。要領が分かればスピードが速くなり、基礎体力もついてきます。

展開のカギ

トンネル山とペッタン山の間に膝、肘を着いて小さなトンネルをつくるなど、もう一つ段階を入れます。

せまい〜！

4～5歳児

遊びを通して
- おなかに力をつける
- バランス感覚を身につける
- 友達との関わりを深める

友達の力を借りてシューッとすべろう！

タオルすべり

準備物　フェイスタオル

① タオルに乗ってスタート

二人一組で遊びます。一人がタオルの上に座り、足の間からタオルをつかみます。もう一人がタオルに乗っている子どもの足を持って引っ張りスタート。タオルに乗っている子どもはバランスをとりながら進みます。

がんばれ！

シュ〜ッ！

② 握手したら友達探し

ゴールまで行くと交代して戻ってきます。戻ったら互いに握手をし、新しい友達を探して繰り返し遊びます。

※タオルの受け渡しは、子どもたち同士でできるように任せましょう。
※うまく引っ張れない子どももいるでしょう。そのとき、「がんばれー」と言うだけなのか、誰かが押してあげるのか、子どもがどのように活動するのか見守ってください。

あくしゅ〜

遊んでみました！

足を持ち上げて引っ張る子どもがうまくできないときは、見ている子どもたちが助けに行く姿がありました。

なるほど解説

引く人、乗る人の役割を果たす

引く子どもは足を踏ん張って腕に力を入れ体全体で引っ張らなければ友達を運ぶことはできません。乗る子どもは、おなかに力を入れてバランスを保つとスムーズになります。運動の効果に違いもあるので、繰り返し遊び、ともに成長していける機会を増やしていきましょう。

展開のカギ

1チーム3組程度でチーム対抗のようにしてみましょう。

3・4・5 歳児

ふだん見せない姿が子ども一人ひとりの成長！

ケンケンパっ！ で ひっこしタイム

準備物　フープ（3人に2本）

① 3人でつながって歩く

二人はそれぞれフープの中に入り、一人は真ん中で二つのフープを持ちます。合図で3人つながった状態のまま散歩し、次の合図で新しい相手を見つけます。

あそびのコツ

BGM（競技曲）をかけると、子どもの気持ちも躍動的に！

② フープを並べてケンケンパ

2チームのフープ（計4本）を並べ、順番にケンケンパをします。全員が終わったらそれぞれ元の場所に戻り、再び散歩を始め、繰り返し遊びます。

※ケンケンができない場合は、代わりにグーグー（両足跳び）でもOK!

ケンケン…

③ 「ひっこしタイム！」

時々保育者が「ひっこしタイム！」と言います。ひっこしタイムになったら、全員フープを置いて移動し、別のフープに入って新たな3人組をつくります。

ひっこしタイム〜！

あそびのコツ

子どもたちだけで解決できない部分は援助し、見守りながら遊びを進めよう。

いっしょに
しよう！

うん！

遊んでみました！

4歳児は5歳児と一緒に考えながらフープを並べていき完成するととてもうれしそうでした。ひっこしタイムは3歳児に「こっちおいで」と言って誘ってあげる姿も見られ、成長を感じました。

なるほど解説

一緒に遊ぶことで成長できる

フープでケンケンパをする遊びです。3歳児はまだ難しい子もいるかもしれませんが、4・5歳児の姿を見て一生懸命理解し、挑戦しようとするでしょう。4・5歳児は「ケンケンパ」と言ったり、フープを順番に並べたりして、率先して取りまとめる姿へと変わっていくでしょう。

展開のカギ

3チーム合同にし、並べ方を相談して様々なケンケンパを楽しみましょう。

つぎもパーだ！

4～5
歳児

体をうまく動かしながら、たくさん両足ジャンプ

こっちから入って 縄ジャンプ！

置いた短縄を両足でジャンプ

短縄をU字にして、ランダムに並べます。合図で、短縄が開いている方向から、両足ジャンプをして跳び越えます。繰り返し、たくさんジャンプをしていきます。

あそびのコツ

走りながら跳ぶのではなく、必ず両足ジャンプができるように声を掛けよう。

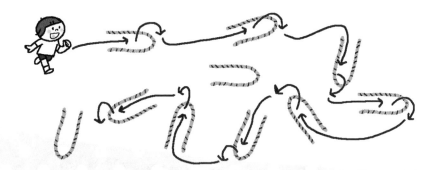

とべた〜！

楽しく両足ジャンプ

自分で入り口を探して入り、両足ジャンプをしてから次へと進みます。縄跳びの基本的なジャンプの方法を、迷路遊びを楽しむようにチャレンジしてみましょう。

遊んでみました！

「縄跳びの練習になるからね」と伝えると、張り切って足をそろえてジャンプしていました！

応用・展開へ

57

4歳児 つながりつなわたり

マットをスタートとし、つなげた縄を道のように様々な方向へ伸ばしていきます。3〜5人組でつながって縄を渡っていきます。
ゴールまで行けたら、道の形を変えて繰り返します。

遊んでみました！
上手に歩けないことが楽しかったようで、声を掛け合うなどしてゴールを目指していました。
友達を意識しながら遊ぶことで仲間意識も高まったように感じます。

ゴール

スタート

＼ まわりみち〜！／

＼ くねくねみち〜！／

※初めは一人で遊んでから、友達と一緒に挑戦すると面白いでしょう。

5歳児　た・ん・ぴょんオニ

準備物 短縄、フープ

① 鬼役（初めは保育者）は丸の形にした短縄から少し離れた所のフープに入ります。

② 『山小屋いっけん』の歌で遊びます。

①やまごやいっけんありました

♪ありまし　　♪た

6回短縄内で両足ジャンプし、「た」で両足ジャンプで外へ出る。

②まどからみている おじいさん

6回その場で両足ジャンプし、「ん」で両足ジャンプで内へ入る。

♪ん

③かわいいうさぎが ピョンピョンピョン

6回短縄内で両足ジャンプし、最後の「ピョン」で両足ジャンプで外へ出る。

④こちらへにげてきた

6回その場で両足ジャンプをし、「た」で違う短縄に入りに行く。

た！

\まて〜！

鬼は最後の「た」を聞いたら逃げる友達を追い掛けタッチし、鬼を交代する。

※リズムが大切です。ゆっくりゆったりしたテンポで始めてみましょう。
※最後の「た」を少し強調するといいでしょう。
※『山小屋いっけん』（作詞／志摩桂　アメリカ民謡）

4〜5歳児

3　4　5

手足をうまく使ってスイスイ進もう！

おしりスリスリ おにあそび

遊びを通して

全身の運動

準備物　マット

お尻歩きでオニから逃げる

子どもたちはマットの上にお山座りをします。保育者がオニになり、
お尻歩きで向こう側のマットへ逃げる子どもたちを追い掛けます。
オニにタッチされないように逃げます。

あそびのコツ
足の裏や手のひらをしっかりついて前へ進んでいく遊びを繰り返そう。

あそびのコツ
途中で立ってしまわないように、お尻歩きでの進み方を伝えよう。

遊んでみました！
逃げたいのになかなか進めないというドキドキ感がとても楽しかったようです。

なるほど解説

無理のない移動距離で繰り返し遊ぶ
お尻歩きで移動する時間が長くなると難しいでしょう。初めは移動距離を短くして継続的に遊びます。次第に距離を延ばしていくといいでしょう。

応用・展開へ

4〜5歳児 おしりスリスリおにあそび 応用・展開

4歳児 おしりスリスリ競争 ※1チーム3人程度

準備物
カラー標識、マット

① 合図でスタートし、カラー標識までお尻歩きで進みます。

② カラー標識に着いたら、立ち上がって走って戻り、次の友達にタッチします。繰り返し遊び、速さを競います。

※カラー標識の手前で立ってしまうなどの焦りが見られますが、きちんと助言して考慮し、順位を決めるといいでしょう。

遊んでみました!
足を大きく伸ばして少しでも前に進もうとしたり横の友達の進むスピードを確認して競ったりする姿が見られました。

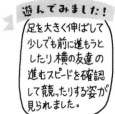

すすむぞ〜!

かった〜!!

5歳児 すすんでバ〜ン！ ※1チーム3人程度

準備物
フェイスタオル、
ライン（ビニールテープ
でもOK）

① 一人1枚タオルを用意し、スタート位置の後方に並べておきます。
合図でタオルを持ち、お尻歩きで進みます（センターラインは越えないように）。

② 相手の陣地にひたすらタオルを投げます。合図でストップし、陣地に
タオルがたくさんある方が負けです。

いくぞ〜！

遊んでみました！
ふだん、座ったまま
物を投げることが
ないので、とても
新鮮だったようです。

第2章

体幹・バランス
あそび

3歳児

しゃがんで立ってを繰り返して

だるまさん　かかし？？

『だるまさん』（わらべうた）の替え歌で遊ぶ

①だるまさん

小さくしゃがみ、手のひらで顔を覆う。

③にらめっこ　かかし
④わらうと　かかし
⑤あっぷっ　かかし

②かかし

立ち上がってかかしのポーズ。

①②を繰り返します。
⑤まで歌うと、「1・2・3・4・5」と数えて
バランスをとりましょう。

なるほど解説

楽しみながらポーズ!

かかしのポーズだけでも十分なバランス遊びですが、しゃがんで立ち上がる屈伸の運動も含め、楽しみながらバランス遊びをしてみましょう。「♪だるまさん　かかし」でポーズをするとき少し時間を掛けると子どもたちもポーズをとりやすいです。また、「♪かかし」と唱えるとき、何かに変身しそうな感じでゆっくり「か〜か〜し〜」と言うと子どもたちも楽しめるでしょう。

展開のカギ

テンポを速くしても面白いです。また、最後の数を増やしてもいいでしょう。

…5.6.7.8

ふわふわ道をバランスよく!

ぴょんぴょんパック

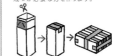

準備物

紙パック、布テープ
● 注ぎ口の角に縦方向の切り込みを入れる。内側に蓋のように折り畳み、布テープで空気が漏れないように留める。
● 二つ並べ布テープで固定する。幾つか必要な分を作ります。

島を渡りながら進む

二人一組で行ないます。島を渡る子ども、島を動かす子どもに分かれ、端から端に進んでいきます。ゴールしたら交代して戻っていきます。

二人で力を合わせて

島を動かす子どもは、友達の渡れそうな距離を測って動かすのが楽しく、島を渡る子どもは、紙パックがふわふわ柔らかいのでバランスをとりながら渡っていくことに楽しさを感じます。慎重に、素早く二人の力を合わせて取り組んでいきましょう。

3人組で取り組んでも面白いです。また、グループに分かれて対抗戦をしても盛り上がります。A・Bそれぞれの場所に1グループずつ待機して交互に行なってもいいでしょう。

3〜4歳児

自分にもできたときがうれしい♪

ドコドコ橋わたり

遊びを通して
● バランス感覚を養う
● 自分の体をうまくコントロールする

平均台を渡ってジャンプする

※一人ずつ挑戦してみましょう。

準備物
平均台（ベンチ、大型積み木でもOK）、マット、大型積み木、フープ
● 平均台2本を横並びでくっ付けて設置し、両サイドと向こう側にマットを敷く。
● 向こう側のマットにフープを置く。

基本　平均台を渡ってジャンプし、フープの中に着地します。

※ジャンプの後は、トラックを走ったり、固定遊具を一通り遊んだりしてからコースに戻るようにし、待ち時間を減らすよう配慮しましょう。

中央に積み木を置く　途中に置いた積み木をまたいで渡ります。

フープをくぐる　平均台にフープを通し、自分で持ちながらくぐります。

平均台を離す 2本の平均台の間を少し（肩幅程度）離して渡ります。

な る ほ ど 解 説

難しいことにもチャレンジする
バランスをとりながら慎重に歩みを進めるのは難しいことですが、チャレンジしようという意欲につながりを見せます。「一つできた！　次もやってみよう!」などと、自分から意欲的に取り組む姿が見られるといいですね。

遊んでみました！

ジャンプしてフープの中に着地するところまで"楽しんで遊ぶ"ことができました。

展 開 の カ ギ

● 平均台を1本にしてみましょう。
● サーキットに盛り込んでみましょう。

遊びを通して
●調整力
●跳躍力

いろんな場所からジャンプ！

ぴたっとジャンプ

準備物
とび箱、フープ、マット、フープ、巧技台、ロイター板

ジャンプする

とび箱ジャンプ（基本のあそび）

とび箱2段程度に上ります。両足ジャンプで膝を曲げて着地し、フープの中にピタッと入ります。

巧技台ジャンプ

巧技台に上り、両足ジャンプで着地。ピタッと止まりましょう。※段数は子どもの様子を見て変えましょう。

68

グーパージャンプ

ケンパの要領で、両足ジャンプします。最後はぴたっと止まります。

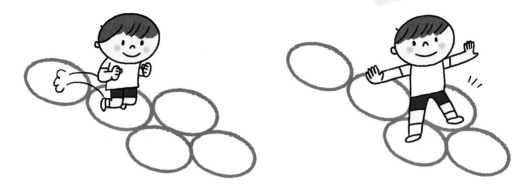

ロイター板ジャンプ

ロイター板まで走ってから両足ジャンプをし、フープから出ないようにピタッと着地します。

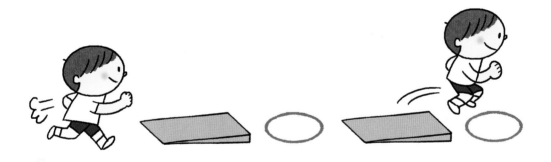

なるほど解説

バランスをとって止まる

動の活動から、静の活動へ体をうまくコントロールしバランスをとりながら止まることを目指しましょう。初めはできなくてもよいので、ジャンプをする、フープに入ることから始めます。繰り返し遊んでいくうちにピタッと止まれるように声を掛けていきましょう。

展開のカギ

フープまでの距離を調整してみましょう。

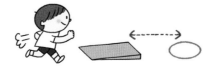

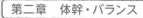

3~4 歳児

友達との真剣勝負。勝ったうれしさ、負けた悔しさを感じよう！

タオル3本勝負!!!

準備物

フェイスタオル
（二人で1枚）

3パターンのタオル綱引きで遊ぶ

※相手を代えて繰り返し勝負しましょう。
※繰り返し遊ぶことで勝負の楽しさを知ることができます。

1本目　綱引き

＼まけないぞ〜！

あそびのコツ
腰を下げて力を入
れよう。

合図でスタート→5秒間綱引き→合図で止める。
繰り返し遊ぶ。

2本目　足の裏で押さえて綱引き

ひっぱれ〜!

片足でタオルを押さえ、引きずり
ながら5秒間引っ張る。
タオルが足から離れたら負け。

3本目　膝に挟んで綱引き

なるほど解説

腰を落として力を込める

どの勝負も力を入れて相手を引き付け
るという内容です。突っ立った状態で単
に腕だけで引っ張るのでは力が入りにく
く、なかなか勝ちに結び付きません。腰
を落とし、力を込める部分を意識しなが
ら引くようにしましょう。

よいしょ、よいしょ!

遊んでみました!

足の裏や膝を使っての綱引きは、初
めはうまく力が入らずすぐに勝負が
ついてしまっていましたが、繰り返し
遊ぶうちに力を入れるコツがつかめ
たようで楽しんでいました。

タオルを膝に挟んで後ろに下
がりながら5秒間引っ張る。
タオルが膝から離れたら負け。

応用・
展開へ

4歳児 タオルシッポとり

準備物

フェイスタオル
（二人で1枚）

二人一組になり、一人がタオルをズボンに挟んで足を閉じて立ちます。
その場でジャンプをしたり体を回したりして、相手にしっぽを取られな
いようにします。制限時間は10秒、しっぽを取られたら交代し繰り返し
遊びます。何度か遊んだら相手を代えてみましょう。

ジャーンプ！

とるぞ〜！

とれた〜！

おしい！

5歳児 ジャンケンタオルとり

準備物

フェイスタオル
（二人で1枚）

二人一組になり、向かい合って正座をし、中央に広げたタオルを置きます。ジャンケンをして、勝った方がタオルを取り、負けた方は取られないように押さえます。同時に引っ張った場合は引き分けです。繰り返し遊び、3回勝負したら相手を合って代えましょう。

\ あいてはきまった! /

いざ、しょうぶ!
\ ジャンケンポン! /

\ とられるもんか! /

\ あ～っ! /　よし!
\ かったぞ! /

4～5歳児

体幹・バランス

ジャンケンタオルとり・フープでおっと！

引っ張り合って、押し合って

フープでおっと！

遊びを通して
駆け引き

準備物
フープ、ライン（テープでもよい）

押し合って遊ぶ

二人一組でフープを持ち、ラインの上に立ちます。合図で引っ張り合い、押し合いをします。ラインから出ると負け。繰り返し遊びましょう。

これでどうだ！

わーっ、まけた！

なるほど解説
体勢を保って

バランスをとりながら、友達との駆け引きを楽しみます。遊びの中でしぜんに体を動かさないようにバランスをとる力を促していきます。体勢を保つことは自分の身を守ることにもつながります。楽しさの中にきちんとしたねらいを持って取り組んでいきましょう。

展開のカギ

負けた子どもは、他の場所へ移動します。新しいペアで再び始めます。

5
歳児

合図で瞬時に入れ替えて

せーの ホイ!!

体を入れ替えて遊ぶ

足を前後に入れ替える

足を前後に入れ替えて遊びます。せーの、ホイ!の掛け声で入れ替えてみましょう。

手足を前後に入れ替える

右足を前に、左手を前に出して立ちます。同様にせーの、ホイ!で入れ替えます。

足を左右に入れ替える

左足を軸にして、右足を横に突き出します。せーのホイ!で左右を入れ替えます。

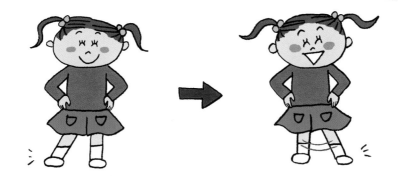

手足を左右に入れ替える

左足を軸にして右足を横に出し、左手を上にあげ、右手を横に出します。
せーの、ホイ!でこれをそれぞれ反対に入れ替えます。

合図で思いどおりに動かす
足だけの前後入れ替えはすぐにできますが、これに手をつけると体がバラバラになってしまいがちです。脳で考えたことを体にうまく伝え、思いどおりに動くことができるようにしましょう。せーのホイ!!というのはきっかけであり合図でもあります。リズムに乗せて動いていくと楽しく踊っているようになります。繰り返し遊んでいくうちに自分で調整していく姿が見られ、できたと感じるようになるといいでしょう。

『アルプスいちまんじゃく』（作詞：不詳、アメリカ民謡）の歌に合わせて遊んでみよう。

♪アルプスいちまんじゃく　こやりのうえで…足前後入れ替えを4回
♪アルペンおどりを　さあおどりましょう…手足前後入れ替えを4回
♪ランラララ〜…足左右入れ替えを4回
♪ランラララ〜…手足左右入れ替えを4回
♪ヘイ!…Y字ポーズ!

※子どもに合わせて、前後だけで遊んでみたりしましょう。

5歳児

遊びを通して
●友達への思いやり
●バランス感覚

バランスをとりながら、友達への思いやり！
わっかでおっと？

準備物
短縄
●短縄を一回畳んで結び、輪を作る。

① ケンケンで短縄を運ぶ

二人一組になって、一人が片足に短縄を掛け、ケンケンで運びます。もう一人はサポーターになり、手を持って進みます。

あそびのコツ
まずは輪を足に掛け進めるかチャレンジ。

運ぶ人　サポーター

向かいのペア

あそびのコツ
距離は短めに設定しましょう。

② 足でバトンタッチ

向かいのペアに足でバトンタッチして、最後尾につきます。次はサポーターと役割を交代し、繰り返し遊びます。

はい、どうぞ！

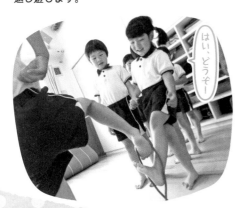

なるほど解説

友達との関係性を深める

この遊びで重要なのは、友達が上手に運べるように思いやって取り組まなければならないサポーターの存在です。速さだけを意識していると、転んだりつまずいたり輪を落としたり、うまくいきません。落ち着いて、目標を持って遊んでいきましょう。

展開のカギ

距離を長めに取り、真ん中にフープを置いて、そこでサポーターと役割を交代します。

つぎがんばってね
うん

第3章

操作あそび

3歳児

あわ玉のお引っ越し

あわ・あわキャッチ

準備物
透明カップ、ボトルキャップ

水の入ったカップの中に空気の泡を移して遊ぶ

1 透明カップを水の中に入れ、空気が入らないように底を上に向けます。

2 反対の手でボトルキャップを持ち、空気を含ませて（水が入らないように）水の中に沈めます。

遊んでみました！
初めにボトルキャップだけで泡をつくって遊んでみました。泡がプクッと出てくるだけで歓声が起こりました。一人ひとりが考えながら泡をキャッチしたりお引っ越しさせたりしていました。

3 ボトルキャップを傾けて泡を出し、透明カップの中に空気を移します。たくさん入れられるようにチャレンジしましょう。

くうきが たまって きた

はいった

なるほど解説

不思議に思う気持ちが遊びへの意欲に

透明カップとボトルキャップを持った左右の手を上手に動かすことが大切です。次第に透明カップにたまっていく泡を見て「なぜこんなふうになるのだろう？」と不思議に思うことも大切でしょう。この不思議に思う気持ちが子どもたちの遊びへの意欲につながります。

展開のカギ

2ℓのペットボトルを半分に切ったものとプリンカップを使って、同様に遊んでみましょう。

4〜5歳児

時間内にどれだけたくさん玉を取ってこられるかな？

ボールをはこんで よっこいしょ

遊びを通して
友達と協力する

準備物
マット2枚、玉入れの玉
（50個×2チーム分）
※1チーム10人設定

相手チームの玉を取りに行き、玉の数を競う

2チームに分かれ、それぞれのマットに玉を置きます。合図で相手チームのマットまで行き、玉を取って自分のチームのマットに置いていきます。1分たったらチーム全員で玉の数をかぞえ、多いチームの勝ちです。

※一度にたくさん取ってOK。ただし、必ず手で運ぶようにしましょう。
※玉を戻し、繰り返し遊んでみましょう。

赤チーム　　白チーム

\いいそりでー！/

\2こ、もっていくぞ〜！/

1、2、3…

遊んでみました！

数を競うので、どの子も張り切っていました。数をかぞえるときは、1から順に数えたり10個ずつ数えたりするチームがあっておもしろかったです。

なるほど解説

「一人ひとり」から「チーム」の活動へ

初めは一人ひとり活動していても、繰り返し遊ぶうちに、作戦を立てるなど友達とやり取りをする姿が見られるでしょう。少しずつチームの一体感へとつながります。この年齢ならではの遊び方や成長する姿が見られるといいですね。

展開のカギ

次は30秒で！

まけないぞー！

慣れてきたら、一度に運ぶ玉の数を決めたり、制限時間を変えたりしてもいいでしょう。

4～5歳児

ねらいを定めて手先を動かす！

ハッスル！　ハッスル！

1 水の流れをつくる

プールの中を大きく回って、渦をつくります。
その途中で、ボトルキャップをばらまきます。

準備物

ボトルキャップ（たくさん）、
牛乳パック、子ども用バケツ
● 一面を縦半分に折り、先はスプーン状にして持ち手をビニールテープで留める。

谷折り

牛乳パックの一面

角を丸くカット

ビニールテープ

あそびのコツ

初めは渦をつくらずに、浮かべた状態から遊びましょう。

2 キャップをつかみ取る

水の流れができボトルキャップが散らばったら、つかみ取って遊びましょう。

つかまえた～

どんどんながれてくる～

遊んでみました！

ボトルキャップを金魚に見立てて「金魚すくいしよう！」と声を掛けると盛り上がって遊ぶことができました。

展開のカギ

● キャップを増やす。
● チーム対抗にする。

たくさんつかまえたチームの勝ち！

まけないぞ

3 スプーンですくう

①をした後、同じようにスプーンを使ってボトルキャップをすくい、バケツに入れます。

すくえた！

なるほど解説

物が浮く・流れる不思議を楽しむ
大人は物が流れる動きを予想しながらつかむことができますが、子どもにとってはとても難しいことです。目で追う力、体を動かす力、集中する力と、幾つもの力を働かせていく遊びです。

遊びを通して
● ボールを投げる活動
● 指先の調整力

投げる力や、友達との関係性を育もう！

ひらひらボール

① 5人一組で投げる準備をする

保育者が短縄を2本持ちます。5人一組になった子どもが、「いろはに　こんぺいとう」とゆっくりしたテンポで言ったら、保育者は「上か下か真ん中か」と聞きます。

準備物

新聞紙、スズランテープ
（30㎝を5本束にしたもの）、短縄
● 新聞紙1枚を丸めてテープで留め、
　スズランテープを付けて、ひらひらボールを作る。

スズランテープ

♪いろはに
こんぺいとう
♪上か下か
真ん中か

遊んでみました！

最初は
なかなか入らず、
何度も楽しそうに
チャレンジ
していました！

あそびのコツ
距離を近くにして
遊んでみましょう。

② 5人で決めた所に投げる

子どもたちは相談して位置を決め、保育者に伝えます。保育者は短縄の位置を動かし、そこへ向かってひらひらボールを一斉に投げます。投げたボールを拾いに行って繰り返し遊びます。

うえー！！

上

えいっ
いっせーので！！

なるほど解説

指先の力の入れ具合を意識して

指先に力を入れコントロールしながら、投げるという動きを体得していく遊びです。上・下・真ん中と目線が変わることで力の入れ具合も変わります。何度も挑戦し、投げる楽しさを感じながら友達とどう投げるとうまくいくのかなど言葉のやり取りをすることも大切でしょう。

展開のカギ

距離を延ばして思いっ切り投げてみましょう。

したまわらって～
えいっ

これ取り替えっこ？　次はどれ？

ボール取り替え大作戦

遊びを通して
ルールの理解と共有

準備物
玉入れの玉、カゴ、フープ

① フープにチームの玉を入れていく

赤チームと白チームに分かれ、一人一つずつ玉を持ちます。合図で中央のフープにそれぞれ玉を入れていきます。ひとつのフープに入れられる玉は3つまでです。

あそびのコツ
初めはフープの数を少なくすると理解しやすくなります。

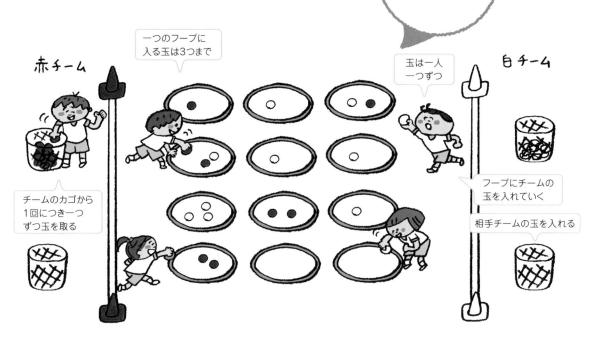

一つのフープに
入る玉は3つまで

赤チーム

チームのカゴから
1回につき一つ
ずつ玉を取る

玉は一人
一つずつ

白チーム

フープにチームの
玉を入れていく

相手チームの玉を入れる

周りの状況を把握する

玉を取り替えることは簡単ですが、この時期の年齢でしかできないことを加えています。3つの玉が入ったフープを見つけ、ほかのフープの玉も確認するなど、周りの状況を把握しながら遊びを進めていくことが大切です。時間をかけてじっくり遊んでいければいいでしょうね。

② 相手チームの玉を自分のチームの玉に取り替える

フープに玉が3つ入っていたら、相手チームの玉を自分のチームの玉に取り替えることができます。ゲットした相手チームの玉をカゴに入れます。制限時間まで繰り返し遊びます。

あかにするよ！

あそびのコツ

ボールを取り替えることへの理解、数の認識など、一つひとつ丁寧に伝えましょう。

遊んでみました！
次第にゲームのルールが分かり、自分で考えて遊びに参加する姿が見られました。

展開のカギ

人数に対するフープの数の調整と、中に入れるボールの数を増減させてみましょう。

あとひとつ！　今度は5つ玉を入れるよ

③ フープの中の玉の数で勝敗を決める

ストップの合図で自分のチームへ戻ります。フープの中にある玉の数で点数をつけ、合計して勝敗を決めます。

点数のつけ方

赤2点
白0点

赤0点
白2点

赤0点
白1点

赤1点
白0点

4〜5歳児

3 4 5

友達と協力して玉を入れる！

たまいれ9
ナイン

準備物

フープ、玉入れの玉（お手玉でもOK）、カラー標識、ライン（ビニールテープ　など）

先に9本のフープ全部に玉を入れた方が勝ち

チーム対抗で遊びます。先頭の子どもが玉を一つ持ってラインまで行き、フープに玉を投げ入れます。投げたら戻って次の子どもにタッチ。順番に繰り返し、先に9本のフープ全部に一つずつ玉が入ったチームが勝ちです。

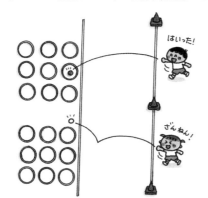

はいった！

ざんねん！

遊んでみました！

最初はフープに玉が入ることがうれしくて喜んでいましたが、慣れてきたら、狙って投げる子どもが増えました。

あのフープにいれるぞ〜！

エイッ！

あそびのコツ

フープとフープの間は少し空けましょう（間を空けすぎると入りにくくなります）。

なるほど解説

みんなで力を合わせて達成する

初めは、指先にまで気持ちを込めて的に玉を投げ入れることが難しく、一つの壁となるでしょう。繰り返し遊ぶ中で、指先の力加減を調整しながらコントロールする力をつけていければいいでしょう。またこの遊びには、チームで力を合わせ、みんなで壁を乗り越えるという要素も含まれています。友達の力を少し借りる、友達のために力になるなど、チーム内で気持ちが通い合う姿が見られるといいですね。

展開のカギ

縦・横・斜めのうち、どれかが先にそろったチームが勝ち。スピーディーに、考えながら活動することがねらいです。

3 4 5

4〜5歳児

友達との真剣勝負！

ボールタッチ5対5

遊びを通して
- ●ゲームのルールを理解する
- ●友達と協力する
- ●チームワークを発揮する

おしりスリスリでボールを取り合う

1チーム5人で遊びます。合図が鳴ったらおしりスリスリで進み、ボールを取り合います。相手チームのマットにボールを二つ置いた方が勝ちです。

準備物
マット2枚、ソフトバレーボール3つ（ドッジボールでもOK）、ライン
●中央のラインにボールを並べて置く。

他のチーム

Bチームのマット

Bチーム　Aチーム　Aチームのマット

ピーッ

他のチーム

※ボールがコートから出たら、他のチームが中へ投げ入れるようにしましょう。

なるほど解説

何度も遊んでコツをつかむ

定期的に続けて遊ぶことで、一人ひとりがその中でコツをつかんで取り組めるようになり、少しずつ盛り上がりを見せていきます。作戦を考えたり、声を出してパスをしたりと遊びに深みが増してくるでしょう。楽しさや、勝つ喜び、負ける悔しさなども感じ、協力する姿が見られるようになってきます。

展開のカギ

勝敗表を作り、リーグ戦にしてみましょう。

※相手チームの子どもが持っているボールを取ってもOK。
※味方にパスをしながらボールを進めるといいでしょう。
※ボールの取り合いでこう着状態が続いたら、再び中央から始めましょう。
※時間制にしてもOK。その場に応じた状況判断で楽しみましょう。

ボールとった!!

遊んでみました！

おしりスリスリでボールを取ってゴールまで行くのは難しい様子で、取られないように必死でボールを守る姿がありました。何度かゲームをしていくうちに、パスをする姿が少し見られました。

えいっ！

かこまれた！

4〜5歳児

遊びを通して
- ボールの投げ方を知る
- 指先の調整力

体を大きく動かしながら、指先を意識して投げてみよう！

チョキチョキなげ

準備物
玉入れの玉、マット、カラー標識（ラインを引くと分かりやすい）

チョキで玉を握って投げる

玉を一つ取ってマットまで行き、手をチョキにして玉を投げます。
どのカラー標識まで投げることができるかチャレンジしてみましょう。

あそびのコツ
玉の握り方を伝えよう。

あそびのコツ
遊びの途中もその都度投げ方を説明しよう。

あそびのコツ
投げる手と反対側の足を前に出すことを意識しよう。

遊んでみました！
慣れてきた頃にカラー標識の位置によってポイントを付けると、盛り上がり、楽しんでいました。

なるほど解説

繰り返し遊んでコツをつかむ
チョキでボールを握って投げる一連の動作は思いどおりに体が動かず非常に難しいです。握り方、足の出し方、ボールを放す位置など、何度も投げて自分でコツをつかむことが大切です。保育者が一人ひとりに声を掛けながら、遠くまで投げられるようにしましょう。

4歳児 # どんどんチョキなげ

準備物

サークル（大・小）、玉入れの玉（数か所に分ける）

2チームに分かれます。子どもたちは自分のチームの玉を持って中央のサークル（小）に投げます。全て投げ終わったら、サークル内に入っている玉の数をかぞえて勝敗を決めます。

※サークルの外に出た玉は再度チャレンジできます。

はいれ〜！

遊んでみました！

ただ投げるだけではなく、サークルの中に入るように加減を自分で考えて楽しんで投げていました。

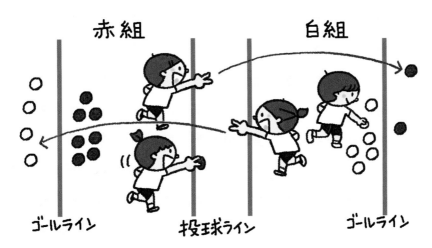

5歳児 # チョキなげゴール

準備物
ライン、玉入れの玉

自分のチームの玉を相手チームのゴールラインを越すように投げます。
飛んできたボールは投げ返しません。ゴールラインを越えた玉を数えて
勝敗を決めます。

赤組　　　　　　　　白組

ゴールライン　　　投球ライン　　　ゴールライン

白組さんの勝ち〜！

とどくかな〜

遊んでみました！
少し距離を長めに
とってみると、
"入れてみたい"と
やる気が出て、繰
り返し楽しんでい
ました。

4~5歳児

遊びを通して
ボールを投げる、受けるを経験する

大きなボールの投げ方・受け方を経験しよう!

3対3でボールキャッチ

準備物 ドッジボール

3対3でキャッチボールをする

3人1チームで縦に並び、相手チームとキャッチボールをします。ボールを投げた子どもは自分のチームの一番後ろに回ります。他の友達の様子を見て繰り返し遊んでみましょう。

※ボールは両手でキャッチしましょう。

あそびのコツ
4m程度距離を空けよう。

①転がしてキャッチ

ころころ~

②バウンドさせてキャッチ

いくよ!

遊んでみました!

初めは投げる強さが調節できませんでしたが、繰り返し遊ぶことで加減が分かるようになってきました。友達にキャッチしてもらうことがうれしそうでした。

③スローインでキャッチ

えいっ！

④片手または両手投げキャッチ

なるほど解説

まずはコントロール良く投げられるように
友達と楽しみながら、ボールを投げる、受け取る活動をしてみましょう。テンポを上げてどんどんボールを回せるようになるといいですね。コントロール良く投げることを意識してみましょう。

応用・展開へ

4歳児 投げて走ってキャッチ

準備物 ドッジボール

3〜5人で1チームになり相手チームとキャッチボールをします。投げたボールを相手がキャッチしたら、相手チームの方まで走っていき、ボールをキャッチした友達とハイタッチ。そのまま相手チームの列の最後に並び、繰り返して遊びます。

※ボールの投げ方は「3対3でボールキャッチ」と同様にします。

① 投げる

② 相手がキャッチ
したら走ってい
き, ハイタッチ

③ 相手チームの
一番後ろに並ぶ

キャッチ！

タッチ！

5歳児 トンネルころころキャッチ

準備物
ドッジボール、玉入れの玉

2チームに分かれて遊びます。

> Aチーム…ランダムに広がって床に手を着き、トンネルをつくる。
> 　　　　　手元に玉入れの玉を2個置いておく。
> Bチーム…スタート位置に並び、先頭の二人がそれぞれボールを持つ。

Bチームの二人がそれぞれトンネルにボールを転がします。反対側に回り自分でキャッチしたら、トンネルの子どもから玉を一つもらい、スタートに戻ります。次の子どもにボールを渡してバトンタッチ、繰り返し遊んで1分たったら役を交代します。玉数の多いチームが勝ちです。

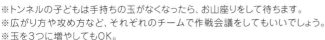

※トンネルの子どもは手持ちの玉がなくなったら、お山座りをして待ちます。
※広がり方や攻め方など、それぞれのチームで作戦会議をしてもいいでしょう。
※玉を3つに増やしてもOK。

5
歳児

遊びを通して
●協調性
●競争心

友達と競い合う気持ちも大切！

2対2でボール取り

準備物 マット、ボール

二人組でチームを作り、15秒間2対2で遊ぶ

① チームでボールを守る

先行・後攻を決め、後攻の子どもは座って背中合わせになり、腕を組みます。その中にボールを挟み込んでボールを守ります。

なるほど解説

競争心をもち刺激し合う

5歳児の遊びとして、競争が入ると子どもたちも懸命になる傾向があります。勝ってうれしい、負けて悔しい、そのような気持ちを持つことも運動会や、就学に向けて必要になってくるでしょう。

展開のカギ

チーム対抗戦やトーナメントなど、協力するチカラや個々のチカラを引き出していきましょう。

② 合図でボールを取りに行く

スタートの合図で先攻の子どもはボールを取りに行きます。このとき、守りの子どもの体を倒したり揺すったりしてもかまいませんが、服や髪の毛を引っ張ることはやめましょう。ボールを取れれば1点、取れなければ点数は入りません。攻守交替して繰り返します。

あそびのコツ
初めは10秒から。必ず保育者の目が届く範囲で行なうこと。

あそびのコツ
応援する子どもがいると盛り上がるでしょう。

\とれたー！/

\やったー！/

遊んでみました！

ボールを守る子どもは繰り返して遊ぶうちに、足で踏ん張ったり背中に力を入れたりして「せーの！」と声を掛け合う姿が見られました。

※ほかにも、後ろ向き背中挟み、内向き腕組みでも遊んでみましょう。

5歳児

協調性と俊敏な動き、ボールのコントロールが決め手!

ころころシュート

準備物

マット、カラー標識、ボール、フープ、玉入れの玉（紅白）、リングバトン

① 二人でバトンを持ってゴールを守る

二人一組でチームになります。Aチームは、ゴール前に二人でバトンを持って立ち、Bチームがゴールを狙ってシュートラインからボールを転がします。Aチームは、バトンでつながったままゴールを守ります。

Bチーム　Aチーム

遊んでみました!

繰り返し遊ぶ中で、お互いに作戦を考えながら協力して楽しむ姿が見られました!

あそびのコツ

速く転がしてみましょう。

あそびのコツ

まずは友達とボールを転がして遊ぼう。

② セーブした数、ゴールした数の玉をもらう

Aチームはセーブした数の玉（赤）を、Bチームはゴールを決めた数の玉（白）をもらい、それぞれフープに入れていきます。攻守交替して繰り返し遊んでみましょう。
※1チーム○回ずつ投げると決めてもよいでしょう。

なるほど解説

声を掛け合い作戦を立てて遊ぶ

協調性が不十分だとうまく力が発揮できません。キーパー役はバトンでつながっているので、気持ちを一つにして一緒に動くなど、作戦を立てられるといいでしょう。また、転がす二人組も、同時か時間差で投げるのか、フェイントを使うのかなど、子ども同士の心理戦になるでしょう。

展開のカギ

チーム対抗で遊んでみましょう。更に、応援する気持ちや取り組み方に変化があるでしょう。

| | A | 2 | |
| B | 3 | | |

第4章

感覚・感触あそび

3歳児

顔を水面に近づけて水慣れ！

ハジマルせんたくき

遊びを通して
楽しく水に慣れる

『はじまるよはじまるよ』の替え歌で遊ぶ

1　はじまるよ　はじまるよ
　　せんたくきが　はじまるよ

♪はじまるよ　はじまるよ
　せんたくきが　はじまるよ

手拍子をする。

2　みぎてで　ぐるぐる　せんたくき（保育者）
　　みぎてで　ぐるぐる　せんたくき（子ども）

♪せんたくき

保育者が右手を水に入れてグルグルかき回す。
その後、同じように子どもも歌ってかき回す。

3　はじまるよ　はじまるよ
　　せんたくきが　はじまるよ
　　①と同じ。

あそびのコツ
初めは水面の近く
で歌遊びの感覚で
遊んでみましょう。

4　ひだりで　ぐるぐる　だっすいき（保育者）
　　ひだりで　ぐるぐる　だっすいき（子ども）

♪だっすいき！

保育者が左手を水に入れてグルグルかき回す。その後、同じように子どもも歌ってかき回す。繰り返し遊んで、「今度はプールの底で…」など顔を水面に近づけて水慣れをしていきましょう。

※『はじまるよはじまるよ』
（作詞・作曲／不詳）のメロディーで作詞／小倉和人

遊んでみました！
手を回し水面を
じっと見ていたり、
速く回して楽しんで
いたり、様々でした！

なるほど解説
水の怖さを取り除く
プールに入るとき必ず初めに遊んで、少しずつ水面に顔を近づけ水の怖さを取り除けるようにしていきます。

展開のカギ
足でも回してみましょう。

♪せんたくき♪

3〜4歳児

遊びを通して
●友達との関わり
●水に慣れ親しむ

楽しみながら水慣れ！

壁にどんどん
トンネルごっこ

2グループに分かれて、一方がトンネルをつくる

2グループに分かれ、プールの両サイドに並び、Aグループがプールのへりや縁などに手をついてトンネルをつくります。
Bグループは、①小さくなりながらトンネルをくぐって進んできます。②トンネルをくぐったら、向かい側へ行き③トンネルをつくります。
Bグループの最後の子ども（★）がトンネルをくぐったら、Aグループの先頭の子ども（☆）がスタートし、トンネルをくぐりに行きます。繰り返し遊んでみましょう。

がんばれー！！

あそびのコツ
初めは立って手をつきトンネルをつくって遊んでみましょう。

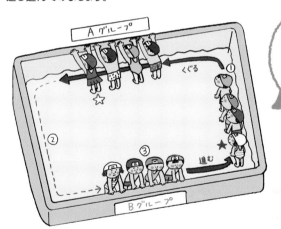

くぐれた〜！

遊んでみました！
順番を守るというルールも身につき、全員が遊べるよさがありました

なるほど解説
楽しく遊んで水慣れに
水慣れが進んでくる過程でこの遊びをしてみましょう。友達と一緒に遊ぶことの楽しさが優先されるので、楽しく遊んだ結果、しぜんと水に慣れることができるといいですね。

展開のカギ
●水の深さを深くする。
●膝立ちでトンネルをつくる。

3〜4歳児

水につかるといろいろ変身できちゃう!?

へんしんプール

※水慣れの初期段階は1〜3番。

『はじまるよはじまるよ』の替え歌に合わせて体を動かして遊ぶ

1番

①つかりましょ　つかりましょ
　プールのなかに　つかりましょ

♪プールの なかに　　♪つかりましょ

手拍子をし、最後の「つかりましょ」で水につかる。

なるほど解説

次第に大きな動きに変えていく
プール遊びの初期段階では、金魚やカエルなど、水跳ねの量が少ない動きをします。次第に水に慣れてくると、カバ・おすもうさん・忍者などに展開して思う存分水を楽しんでみます。

②しっぽをフリフリきんぎょさん「パシャン！」

♪しっぽをフリフリ〜

パシャン！

手を合わせて魚のように動かし、最後は跳ねる。

遊んでみました！
プールの中での遊びだったので大喜びで変身していました。大人気だったのが、おすもうさんで「どすこーい!!」と楽しそうに言っていました。

※『はじまるよはじまるよ』
（作詞・作曲／不詳）のメロディーで作詞／小倉和人

2番 ぴょんぴょんジャンプの
カエルさん「ピョ〜ン!」

カエルのポーズをして待ち、最後に大きくジャンプをする。

3番 あけるとおおきい
カバのくち「ガッバ〜ッ!」

手を伸ばしてカバの口を表現し、
最後に大きく開ける。

4番 どすこいどすこいおすもうさん
「どすこ〜い、どすこい!」

四股のポーズをして待ち、掛け声で四股を踏む。

5番 しゅりけん しゅしゅしゅしゅっ
にんじゃだよ
「シュシュシュシュシュシュ」

水面で手裏剣を飛ばすように手を動かす。

展開のカギ

二人組になって、手拍子トントン、相手とパチパチなど、
関わりをもってからそれぞれ遊んでみましょう。

4 歳児

3　4　5

遊びを通して
● 協調性
● 水の量、重さを知る

どうすればたくさん運べるか考えよう！

ちゃっぽんリレー

準備物

タライ、ポリ袋（45ℓ）
● ひとつのタライに水を張り、もうひとつは5m程度離して置く。
● ポリ袋の四隅に結び目を作る。

ポリ袋

① ポリ袋に水を乗せて運ぶ

4人一組でA地点の水を張ったタライにポリ袋を沈めます。四隅をそれぞれ持ち、ポリ袋に水を乗せてB地点のタライまで運びます。

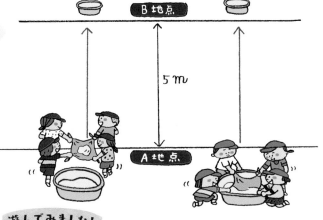

B 地点

5 m

A 地点

② 次のグループにバトンタッチ

タライに水を移したら、A地点に戻り、次のグループにバトンタッチ。どちらのチームがたくさん水を運べるか競います。

B地点

こぼれちゃう〜

そ〜っといれよう

A地点

バトンターッチ！

遊んでみました！

次第に水の量を自分たちで考えて運んでいる姿が見られました！

あそびのコツ

初めはタライとタライの距離を短く（3m程度）しましょう。

なるほど解説

4人で声を掛け合い運ぶ

4人で協力して遊ぶのはもちろんのこと、どのような持ち方をすればいいのか、また水をどれくらいくむのがいいかなど、遊びを通して考える力を育てていければいいですね。

展開のカギ

いろいろなビニール袋でどれくらいの水を運べるのか研究してみよう。

やってみよう！

どのくらいはこべるかな

3　4　5

4〜5歳児

遊びを通して

水の中で息を合わせて動く

水の中でもできるかな？？
なべなべみずのなか

① 『なべなべそこぬけ』をする

合図でプールの中をぐるぐる走ります。
次の合図で二人組になり、『なべなべそこぬけ』
をします。

♪ なべなべ　そこぬけ

遊んでみました！

『なべなべそこぬけ』で遊んだことがあったので、プールですることに声を上げて喜んでいました。友達と押し合ったり、タッチしたりする動作も楽しそうでした。

② 押し合いっこをする

背中合わせになったら、座って背中と背中で5秒間押し合いっこをします。『♪なべなべそこぬけ』で向かい合わせになったら、手をつないで5秒間ぐるぐる回り、その後、手のひらを合わせて押し合いっこをします。

えいっ！

遊びながら体力をつける
水の中で遊ぶと体に負荷が掛かり、動きが制限されます。その中でも子どもたちはふだんどおりに遊ぼうと力を発揮するでしょう。水の中で思いっ切り体を動かして体力をつけ、運動会などにつながっていくといいでしょう。

小さくなって（しゃがんで）
遊んでみましょう。

♪なべなべ
そこぬけ

※『なべなべそこぬけ』（わらべうた）

友達と一緒に夢中になろう！

水中じゃんけん列車

① じゃんけん列車でスタート

二人組でじゃんけん列車になります。合図で小さくなって（しゃがんで）スタート。次の合図で相手を探してじゃんけんをします。

じゃんけんぽん！

なるほど解説

夢中になって遊ぶ

プールに入る経験が増えてくると水慣れも進みます。そのときにプールでじゃんけん列車をすると子どもたちの意欲が高まり、夢中になってプールの時間を過ごせます。この時間が長ければ子どもたちの満足度も上がることでしょう。

展開のカギ

水慣れが進んできたら、水面と平行にトンネルをつくり、潜ってくぐってみましょう。

② 負けたらトンネルをくぐる

勝った二人組が手をつないでトンネル（片方は水につける）をつくり、負けた二人組がトンネルをくぐります。勝ったチームはそのまま、負けたチームは前後を交代して再スタートします。

遊んでみました！

水中でしゃがんで進むだけでとても楽しそうでした。縦のトンネルはすぐに慣れ平行のトンネルにも喜んで挑戦していました。

勝ち

負け

遊びを通して
● ゲーム遊びの理解
● 友達と力を合わせて

ビーチボール目掛け、水を掛けよう！

プールでジャバジャバ

準備物
ビーチボール2個

1　相手の陣地にボールを入れる

4〜5人でチームをつくり、2チームで遊びます。ビーチボール2個をプールの中央に浮かべ、両サイドに分かれて待ちます。合図でボールに近づき、手のひらで水を掛け、相手の陣地にボールを進めます。

※ボールに触れないように水を掛けて移動させましょう。

Aチーム　Bチーム

まけないぞー　もうすこしー

2　ボールを多く入れたチームの勝ち

合図でストップし、相手の陣地に入れたボールの数で勝ち負けを決めます。ボールが中央より相手チーム側にあれば得点になります。対戦相手を交代しながら繰り返し遊びましょう。

※制限時間は30〜40秒程度から。
慣れてきたら1分程度まで延ばしてもいいでしょう。

遊んでみました！

水慣れが十分にできた頃に遊びました。初めはボールがなかなか進まなかったのでリレー形式でボールを進める遊びをするとコツをつかんで、夢中で水を掛けていました。

なるほど解説

主体性をもって取り組む

遊びに慣れてくると、水を掛けてボールを移動させることも次第に上手にできるようになってきます。一人ひとりが考え工夫して遊んでいく中で、主体性をもってゲーム遊びに取り組んでいきます。子どもたちなりに様々な作戦を立てて遊んでいくと面白くなるでしょう。

展開のカギ

10人対10人ぐらいで遊んでも面白いです。そのときはボールの数を増やしましょう。

Aチームの勝ち！

	1	2	3
A	3		
B	2		

ヤッター！　ワー！

107

3　4　5

水の量を減らさないようにチームで頑張ろう！

くんでうつして バケツリレー

遊びを通して
● 物を運ぶ力
● 友達への思いやり

準備物

同じ大きさのバケツ3個、タライ、フープ、ペットボトル（2ℓ）、じょうご
● ペットボトルの上部に満水の目安の線を引き、じょうごをセットする。

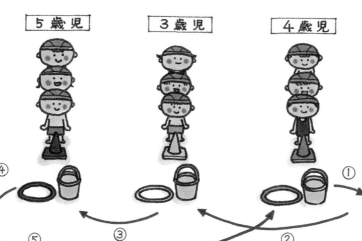

① 4歳児→3歳児→5歳児の順で水を運ぶ

まずは、4歳児がバケツでタライの水をくみ（①）、隣の3歳児のバケツに水をこぼさないように移します（②）。空になったバケツは3歳児のフープの中に置き、自分の列の最後に並びます。次に、3歳児が4歳児の入れたバケツの水を隣の5歳児のバケツに移します（③）。空になったバケツは5歳児のフープの中に置き、自分の列の最後に並びます。それぞれの年齢でできることに取り組みましょう。

\ たくさんはこべるかな〜 /

こぼさない
ように・・・

じゃ～っ

遊んでみました！

4歳児を見て、3歳児も水をこぼしてはいけないことに気付き、慎重に運ぶ姿がありました。また、水を入れるときに5歳児がバケツを押さえてくれて入れやすそうでした。

② **5歳児がペットボトルに水を移す**

5歳児はじょうごを使ってバケツの水をペットボトルに移します（④）。空になったバケツは4歳児のフープの中に置き（⑤）、自分の列の最後に並びます。

※繰り返し遊び、どの異年齢チームがたくさん水を運べたか見てみましょう。

なるほど解説

縦のつながりが生まれる

年齢によって運ぶ水の量や方法に違いがあります。各年齢での発達に合わせた内容になっているので3・4・5歳児のみんなで楽しめます。友達だけではなく、次に運ぶ異年齢児も応援してくれ、遊びの中での縦のつながりも見られるでしょう。

展開のカギ

3・4・5歳児混合チームを幾つかつくって競争してみましょう。

しんちょうに・・・

**4〜5
歳児**

友達と一緒だから楽しめる

二人でいろいろあそび

相手を見つけてフープに入る

子どもはプールサイドに立ちます。保育者の合図でプールに入り、相手を
見つけて一緒にフープに入ります。次の合図でフープから出て、また別の
相手と二人組になってフープに入ります。繰り返し遊びます。

準備物

フープ（二人で1本）
● プールにフープをランダム
　に浮かべておく。

ピー！

あそびのコツ

フープはオーソドックス
な大きさのものを使い、
人数やプールの広さな
ども考慮しよう。

\ いっしょにはいろう! /

遊んでみました!

初めはとても慎重にフープに入っていましたが、コツをつかむと声を掛け合いながら思い切りフープに飛び込み、楽しむ姿がありました。

\ はいれた〜! /

動きにくい水の中で遊ぶ

保育室や園庭で同じように遊ぶときは、スムーズにフープに入ることができるでしょう。しかし、動きが制限されるプールの中では、フープをつかむ、友達を探す、フープの中へ入るという一つひとつの活動がいつもと違ってきます。水の中でうまく体を動かし、友達との関係性を深めていけるといいでしょう。

応用・展開へ

4歳児 二人でいろいろワニおにあそび

合図で子どもがプールの中を移動し、保育者がワニ歩きで追い掛けます。

フープを安全地帯に見立て、ワニに捕まらないように逃げます。

※保育者は子どもを捕まえず、逃げるように促します。

※ワニ役の保育者の数を増やしても面白いでしょう。

遊んでみました！

ワニが捕まえにくるのを喜び「キャー」と大はしゃぎでした。捕まるまいと必死な子と捕まえられそうなのを楽しむ子と様々な姿が見られました。

ワニさんがきた〜！！

ここにはいって！

ピーッ！

5歳児 二人でいろいろチャレンジあそび

フープを使っていろいろな遊びにチャレンジします。
※交代で遊びます。

遊んでみました！
水面のフープから出る動きが少し難しかったようで「水の中で跳ぶのは大変だね」と共感し合う姿も見られました。

フープ通し

相手にフープを通す。水面についたら中の子どもは前にジャンプする。

トンネルくぐり

ワニ歩きでフープをくぐる。

間に合うかな？

フープを水中に沈め足で押さえ、息を合わせて中に入る。フープの中に入ることができれば成功。

イルカジャンプ

手からフープに入る。
引っ掛かってもOK！
※水の量に注意しましょう。

下からくぐる

浮かべたフープの下から同時に出てくる。
※ある程度水の深さが必要。

5歳児

遊びを通して
バランスを保ちながら水を運ぶ

一人ひとりの力発揮がカギ!

はこんでジャーッ! にがしてギョッ!!

タライが沈むまで水をいれる

2チームに分かれて、行ないます。バケツに水をくみ、歩いて運びタライに入れます。これを繰り返し、タライが沈んで魚が出たら勝ち。

準備物

ペットボトル（500㎖）、子ども用バケツ、小さめのタライ
● ペットボトルに魚の絵を描き、キャップをビニールテープで固定する。
● タライの中にペットボトルの魚を入れて、プールの端に浮かべる。

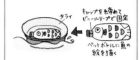

スタート!

あそびのコツ
周りの子どもは声を出して応援しましょう。

おもい!!

展開のカギ
● 魚の数を増やす。
● 大・中・小など、異なる大きさの魚を入れる。

なるほど解説

一人ひとりの力をチームのために
水の中を歩く、重いものを持つ、この二つが子どもにとって壁となります。しかし、個々の力を発揮するからこそみんなで一つのことを成し遂げる協調性へとステップアップします。

ジャーッ!

あそびのコツ
タライに水を1/3程度入れてすぐに魚が出るようにしましょう。

さかなでたー!

遊んでみました!

次第に少々こぼれても気にせず、大胆に走って次の友達と交代するようになり、盛り上がりを見せていました!

第5章

集団ゲーム

3〜4歳児

最後の人も当たるチャンスあり！

プールで
くじびきあそび

準備物

ペットボトル（500mℓ）、油性ペン
- ペットボトルに水を入れ、空気が入らないようにボトルキャップを閉める。
- ボトルキャップに【あたり】の「あ」、【はずれ】の「は」を書き、くじを作る。
※ボトルキャップは白がオススメ。

① 合図でスタート

プールの端にペットボトルのくじを沈めます。合図で反対側からペットボトルの数と同じ人数がスタートします。「走る」「小さくなる」など変化をつけてみましょう。

走る

小さくなる

駆け引きを楽しむ

水が苦手でも、ゆっくりと最後まで行き着くことができれば【あたり】を引く可能性もあります。そのような中で少しの駆け引きを楽しむ遊びです。回数を重ねていくと慎重になったり、初めからねらいを定めたりするなど子どもなりに駆け引きをする姿を見ることができるでしょう。

小グループ対抗で行ない、【あたり】の数で勝ち負けを決めます。

1つ〜！

2つ〜！

② くじを引く

プールの端まで来たら「せ〜の」でくじを引きます。

【あたり】なら「バンザイ!」、【はずれ】なら「エ〜ン!」とポーズします。

繰り返し遊びます。

※【あたり】【はずれ】の位置は毎回変えましょう。

遊んでみました!

【あたり】【はずれ】をビニールテープで示すと分かりやすそうでした。更に、【あたり】のペットボトルにスパンコールを入れると、子どもたちが大喜びしていました。

どれにしようかな

【はずれ】

エ〜ン

【あたり】

バンザイ!

117

簡単に玉入れを楽しめる♪

ぐるぐる玉入れ

合図が鳴ったら走り、次の合図で玉を取って入れる

赤白2チームに分かれて、最初の合図で玉の周りを同じ方向に走ります。2回目の合図で玉を一つ取っては、自分のチームカラーのフープに入れていきます。制限時間内にこれを繰り返し、最後に玉の数が多いチームが勝ちです。

遊びを通して
一人ひとりがチカラを発揮して、チームの勝ちにつなげる

準備物
フープ（2色）、玉入れの玉（1色）
●フープを円形に並べ（色が交互になるように）、中央に玉を置く。

\あいずだ！/

ぐるぐる〜

\ひとつずつだよ！/

なるほど解説

一つずつ玉を運ぶ

「玉入れ」といっても、投げるのではなく、自分のチームのフープに一つひとつ玉を運ぶ遊びです。走るとき、運ぶときとメリハリをつけて遊ぶと、テンポも良くなり集中できます。一人ひとりの頑張りがチームの勝ちにつながるようにできるといいでしょう。

展開のカギ

3人グループ程度のチーム戦にします。1チームにフープを一つ用意し、玉を運んで遊びます。

遊んでみました！
たくさんの玉を抱えて入れようとする子どももいましたが、玉入れの前段階の遊びとしてつなげていけるように、一つずつ運ぶことを伝えました。

※チームごとに帽子の色を変えます。
※玉が2色あると、残った玉の色で勝敗が分かってしまうので1色に。
※玉とフープの距離が離れすぎると、集中力が切れやすくなります。
※人数によってフープの数を増減させてもいいでしょう。

3〜4歳児

二人で一緒に考えて行動しよう！

ふたりでドッチ？

遊びを通して
- ●友達と力を合わせる
- ●少し先を見通して活動する

準備物
カラー標識、フープ
- ●カラー標識にフープを置いておく。

二人組でフープを持って走り、入れ替える

二人でフープを持って **A** のカラー標識まで走り、フープを入れ替えます（①）。そのまま入れ替えたフープを持って **B** のカラー標識まで走り、入れ替えます（②）。更にそのフープを持って **A** のカラー標識に戻り（③）、再びフープを入れ替えてゴールへ（④）。次の二人組とバトンタッチします。

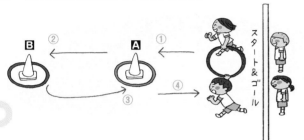

遊んでみました！
思いのほかすぐに理解し、入れ替えではフープを取る人、入れる人としぜんに役が分かれていました。

あそびのコツ
初めは保育者が遊ぶところを見せてみましょう。

❶ フープを持って走る

二人でフープを持ってカラー標識まで走ります。

❷ カラー標識にあるフープと入れ替える

カラー標識にあるフープと入れ替え、次のカラー標識まで走ります。

とるからいれて！

はい！

なるほど解説

次の活動にめあてをつける

初めは間違っていても、手順を追っていけば次第に理解を深めていくでしょう。単に力を合わせるだけではなく、次はどこに持って次第いけばいいのかを考えて活動する力になってきます。

展開のカギ

距離を延ばして、競争してみましょう。

歌の合図で穴に逃げるのが楽しい♪

穴とネズミ

❶ 穴チームとネズミチームに分かれ、『いっぴきののねずみ』の手遊びをする

ネズミチームはスタート位置に着き、穴チームはランダムに広がって足を広げ穴をつくります。一緒に『いっぴきののねずみ』（1番）の手遊びをします。

ネズミチーム

穴チーム

なるほど解説

**遊びを通して
しぜんと打ち解ける**

一見、穴チームの子どもは待っているだけに見えますが、歌や手遊びなど一緒に参加し、遊びの推移を見つめていることになります。遊んでいるだけでしぜんと打ち解け、子ども同士のコミュニケーションがとれるといいでしょう。

『いっぴきののねずみ』の手遊び

**①いっぴきの
のねずみが**
片方の手の人さし指を左右に振りながら出す。

**②あなぐらに
おっこちて**
反対の手も①と同様に出す。

**③チュチュッチュ
チュチュチュ
チュッチュチュッと**
両手の人さし指を8回上下交互に合わせる。

④おおさわぎ
両手を上げて回転させながら下ろし、体の後ろに隠す。

② 穴をくぐったら一緒に座る

「♪おおさわぎ」でネズミチームが一斉にスタート。穴をくぐったら穴役の子どもと一緒に座って待ちます。全員が座り終えたら役を交代して再スタートします。

\くぐれた〜！/

展開のカギ

穴のポーズを変えてみましょう。
例：手を着いて山のようになる　など

遊んでみました！

穴に入るのが楽しくて、座りながら入ったり寝転んで入ったり、自分たちで工夫していました。

『いっぴきののねずみ』　作詞／不詳　外国曲

いっぴきの　　のねずみが　　あなぐらに
おっこちて　チュ チュッ チュチュチュチュ チュッ チュチュッ と お おさ わ ぎ

121

3　4　5

3〜4歳児

言葉のやり取りと競争する気持ち！

どっちでドッチ？

準備物
カラー標識、フープ、
リングバトン

❶ カラー標識にフープを掛ける

カラー標識Aにフープを2本掛けておきます。二人でリングバトンを
持って走り、Aに掛けます。Aのフープ2本のうち1本をBに、Aに戻っ
てもう1本をCに掛けます。Aに戻って二人でバトンを取り、次の組に
バトンタッチ。

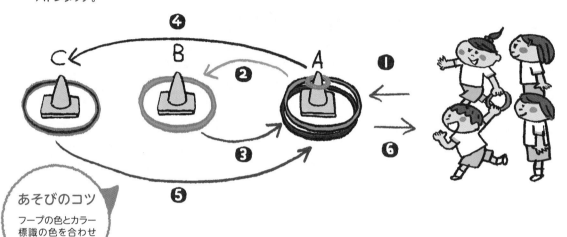

あそびのコツ

フープの色とカラー
標識の色を合わせ
ない。

＼かけてくるね！／

＼つぎのフープ！／

❷ B、C のフープを外して A に戻す

次走者は、同様にしてバトンをAに掛けます。BのフープをAに、Cの
フープをAに戻します。ふたりでバトンを持って次の組へバトンタッチ。
これを繰り返し遊びましょう。

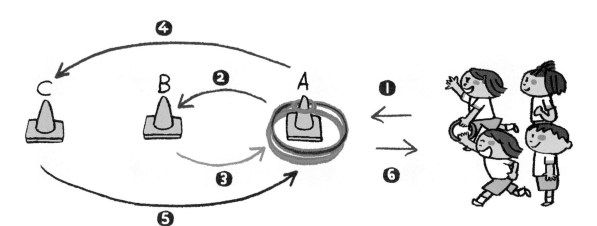

とってきたよ〜！

友達と言葉をやり取りする

友達と「どっち？」とやり取りをして進めていくこと
が大切です。自分の思いだけでは遊びが進んでい
きません。必ず相談して、または機転を利かせて進
める必要性が出てきます。

●フープを増やし
　ます。
●距離を離します。
●人数を3人にし
　ます。

123

3〜4歳児

友達を誘って一緒に運ぼう！

はしってさそって ヨーイドン！

○○ちゃん いっしょに しよう

リーダー

① 一人を選んで声を掛ける

マットにはリーダーが一人ずつ、ラインには他の子どもたちが待機します。リーダーが走っていき、一人を選んで「○○ちゃん、いっしょにしよう！」と声を掛けます。

\ いっしょにしよう！ /

❷ 5人そろったらマットを運ぶ

声を掛けられた子どもはリーダーと手をつないでマットまで走ります。リーダーはマットに座り、誘われた子どもはラインまで行って、次の友達を誘います。これを繰り返し、5人そろったら全員でマットをラインまで運び、速さを競います。

遊んでみました！

リーダーの子どもから「いっしょにあそぼ」と誘われるとうれしそうにマットまで走る姿が見られました。

なるほど解説

好きな友達を主体的に選ぶ

リーダーは自分の好きな友達を選びます。たくさんいる中で好きな友達を選ぶところに楽しさや面白さがあります。選ばれた子どもは自分の思いで次の友達を選びます。必ずしもリーダーの意思を尊重するものではなく、選ぶ子どもが主体的に選ぶのです。そのような思いで5人がつながって協力し合う遊びです。

展開のカギ

距離を延ばして力を合わせてみましょう。

もうちょっと〜

※人数をそろえることが大切です。
足りなければ保育者が入るなど対応しましょう。

3〜4歳児 ＋異年齢児

お互い力を出し合おう！
チカラはっき！

二人で息を合わせて遊ぶ

異年齢児で二人組になり、チームに分かれます。お題が出たら、その活動を二人でしながら、カラー標識まで行きます。折り返したら手をつないで走って帰ってきてバトンタッチ。アンカーが終わればおしまいです。

※3・4・5歳児の異年齢でも
　遊んでみよう！

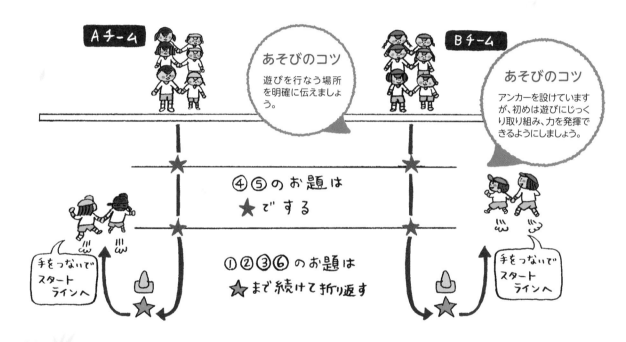

あそびのコツ
遊びを行なう場所を明確に伝えましょう。

あそびのコツ
アンカーを設けていますが、初めは遊びにじっくり取り組み、力を発揮できるようにしましょう。

④⑤のお題は★でする

①②③⑥のお題は★まで続けて折り返す

手をつないでスタートラインへ

手をつないでスタートラインへ

なるほど解説
刺激し合って成長する
遊びを進めていくうちに、4歳児が3歳児をリードしたり、3歳児にチャレンジする気持ちが生まれたりするなど、様々な異年齢での相互作用が見られます。

展開のカギ
少人数チーム（3組ぐらい）でゲーム性のあるものにしても楽しいでしょう。

がんばれ〜！

お題

① スキップ
手をつないでスキップする

② 電車
どちらかが運転士になる

③ 背中合わせ

手をつなぐ、もしくは腕を組む

④ トンネルくぐり

二人とも1回ずつくぐる

遊んでみました！
3歳児が困っていると、4歳児が「こうしたら？」と身振り・手振りをやって見せてくれたので安心してできました。

⑥ おんぶまたはだっこ

異年齢児でおんぶ、もしくはだっこをする

⑤ 足を跳び越し

二人とも1回ずつ跳び越しをする

3～4歳児＋卒園児

卒園児と力比べ!

ひっこぬきタオル

体の下のタオルを引き抜く

マットにフェイスタオル2枚を敷き、卒園児一人が上からうつ伏せになってタオルを守ります。子どもが一人ずつスタートし、タオルを引き抜き、戻ってカゴに入れます。順番に遊び、全員がタオルを引き抜けたらおしまいです。

ぬけな～い!

ぬけた!!

遊んでみました!

運動会で綱引きを経験していたので、スムーズにタオルを引っ張ることができました。単純な遊びでしたがどちらの年齢も楽しく参加できました。

なるほど解説

卒園児と力一杯遊ぶ

卒園児と楽しみながら、「チャレンジしてみよう!」と意気込む姿が見られるでしょう。憧れの卒園児と力一杯遊ぶことはすてきな時間です。このような楽しい時間を計画して、何度も経験することも必要だと思います。

展開のカギ

フェイスタオル2枚をバスタオル1枚に変え、二人で引き抜きます。

さいごの1ぽん!

ぬかれた～

遊びを通して
● 友達と力を合わせる
● ルールを共有する

持っている力を思う存分発揮してみよう!

タオルで ズリズリコースター

準備物
フェイスタオル（1チームの二人に1枚）、マット

3～4歳児

集団ゲーム

ひっこぬきタオル・タオルでズリズリコースター

1 3チームに分かれる

A・Bチームはマットの上に腹ばいになります。Cチームは二人一組になってフェイスタオルの端を片方ずつ持ち、スタートラインに並びます。

※A～Cのチーム名は子どもたちで相談して決めてもよいでしょう。

A・Bチーム

Cチーム

な・る・ほ・ど・解・説

友達と一緒だったらできる!
ふだん過ごしている中でも、一人で引っ張るには力が足りない、でも友達と一緒だったらできる! 同じようなことをこれからたくさん経験するでしょう。友達と協力する気持ちや、引っ張られている子どもへの思いやりなども少し理解できるようになればいいですね。

タオルでズリズリコースター

② タオルにつかまってズリズリ〜

Cチームがマットまで行き、A・Bチームの子どもがタオルの真ん中を持ったら、そのままスタートラインまで引っ張っていきます。全員終わったら、今度はAチームが引っ張り役、B・Cチームが腹ばいとローテーションで役割を交代し、繰り返し遊びます。

\ ひっぱるよ〜！ /

\ ズリズリ〜 /

あそびのコツ

タオルをしっかり握ったかを確認してから、ゆっくり引き始めよう。

遊んでみました！

チームを入れ替え、全員が引っ張る、引っ張られる体験ができ、楽しく遊べました。

応用・展開へ

3歳児 タオルでうんとこどっこいしょ！

準備物
フェイスタオル、マット

A・Bチームは手と顔だけ出して、マットの下に入ります。Cチームの子どもは、大きなおイモを二人で引き抜くようにしっかり引っ張ります。全員抜けたらローテーションで役割を交代し、繰り返し遊びます。

ひっぱって〜！

よし、ひっぱるぞ！

※マットから簡単に抜けるようなら、子どもに負担にならない程度にマットを重ねてもいいでしょう。「なかなか抜けない！」と感じるように加減をしながら調節してください。

4歳児 ひとりでうんとこどっこいしょ！

準備物
フェイスタオル
●片方の端を一回結びにする。

① Aチームがラインに並んで腹ばいになり、Bチームはその後ろに腹ばいになって前の子どもの足を持ちます。

② Cチームは一人1枚タオルを持ち、Aチームに結び目を握ってもらい、出発したラインまで引っ張ります。ローテーションで役割を交代しながら繰り返し遊んでみましょう。

Aチーム　Bチーム

どっこいしょ〜！

※Bチームの子どもは途中で足を離してもOK。
※一人で引っ張るのは重くてなかなか難しいかもしれません。保育者は一人で引っ張ることを強調せず、見守りながら声を掛けてください。子どもから「よし、手伝ってあげる！」という姿が見られるといいですね。

ついた〜！

友達とタイミングを合わせよう！

ロケット ドカーン！

遊びを通して
友達とタイミングを合わせる

準備物
玉入れの玉（代わりになるものなら何でもOK）

① 「3・2・1 ドカーン！」

頭の上で手を合わせてしゃがみ、「3・2・1 ドカーン！」と言ってジャンプします。最初は一人で、次は友達を見つけて二人組になって、最後は他の二人組と一緒に4人組になって同様に遊びます。

最初は1人で

\ 3・2・1 /

ドカーン!!

あそびのコツ
スタート時はみんなで一緒にしてみよう。

遊んでみました！
初めに早く2→4人組になれたら玉をもらえる遊びをしてから取り組むとスムーズでした。

なるほど解説

動きを合わせて遊ぶ
友達と一緒に動きを合わせて遊ぶ力が備わると、集団での活動の幅も広がります。遊びを通して、進級へ向けてまた一つ成長する姿を育てていくことができればいいですね。

二人組で　向かい合わせになって手を合わせます。

3・2・1

ドカーン!!

4人組で　隣同士で手を合わせます。

ドカーン!!

② 玉をもらう

終わったら保育者の元へ行き、玉を一つずつ受け取ります。再び1人→2人→4人と繰り返し遊んで玉を増やし、幾つ集めることができるかチャレンジしてみましょう。

＼ はい、どうぞ！ ／

※ここではドングリで代用しています。

応用・展開へ

3歳児　お星さまでドカーン

準備物

フープ、玉入れの玉（代わりになるものなら何でもOK）
●ランダムに広げたフープの横に玉を用意しておく。

合図で4〜6人程度がロケットになってスタート。星（フープ）に着陸したら玉を一つ手に取り、「3・2・1 ドカーン!」と言って違う星に出発します。これを繰り返しながら30秒以内にゴールします（30秒たったら次のロケットが発射します）。幾つ玉を集めることができたか数えてみましょう。

ドカーン!

ゲット!

ゴール!!!

3・2・1 ドカーン!

たま、ゲット!

つぎのほしに、しゅっぱつ!

4歳児 # ロケットジャンケン

準備物
玉入れの玉、フープ

2チームに分かれ、一人1個玉を持ちます。ロケットになってスタートしたら、相手チームの子どもを見つけ、「3・2・1 ドカーン!」でジャンプしてからジャンケンをします。勝ったら相手の玉をもらって自分のチームのフープに入れ、負けたら保育者に玉をもらいに行きます。繰り返し遊び、フープの中の玉の数が多いチームの勝ちです。

赤チーム　　白チーム

3・2・1…

ジャンケンポン!

かった!　どうぞ

4〜5歳児

3　4　5

マットをクルンとひっくり返す！

せんべいマット

準備物
マット2枚、円形バトン、カラー標識
● マット2枚を重ねておく。

バトンを入れてマットを返す

二人組で円形バトンを持ってスタート。カラー標識にバトンを入れたら、二人で協力してマットを1枚ずつ返します。2枚とも返せたらバトンを取って走ってゴールに向かい、次の二人組にバトンタッチ。繰り返し遊び、早く終わったチームの勝ちです。
※返したマットは保育者が元の位置に戻します。

スタート！

遊んでみました！

繰り返すうちにマットのどこを持ったらひっくり返しやすいかなど、分かるようになった様子でした。ひっくり返すのに、力が入る分、応援にも熱が入っていました。

展開のカギ

ルールを変えて遊んでみましょう。
例）1枚のマットを二人で持ち、5mぐらい運んでからひっくり返し、マットを持って戻ってバトンタッチなど。

せーの！

なるほど解説

友達と協力し成長する

運動会競技に近い遊びです。チームでの仲間意識や勝敗へのこだわりが生まれます。どのようにすればスムーズにいくのかなどを考え、友達と協力したり、息を合わせて取り組んだりするなど、子どもたちが成長する姿を多く見ることができる遊びとなるでしょう。

4〜5歳児

いつもとは違った形のリレーを楽しむ

フープでジグザグ入れ替えリレー

遊びを通して
● 立つ・しゃがむの運動
● 順路を考える
● 友達との協同性

準備物
カラー標識（園児用イスでもOK）、フープ

フープを入れ替えながらジグザグに進む

1チーム5〜6名で行ないます。先頭の子どもがフープを持ってスタート、Aで置いてあるフープと手に持っているフープを入れ替えます。続いてB→C→Dとフープを入れ替えながらジグザグに進み、最後は直線でスタート地点に戻り、次の子どもにバトンタッチ。アンカーの子どもが先頭の子どもにフープを手渡したら終了です。チーム対抗で速さを競います。

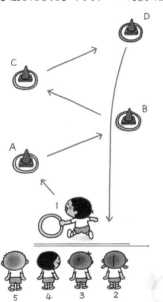

\ かった〜！ /

遊んでみました！
ジグザグに進んでフープを入れ替えることをよく理解して遊べました。入れ替えるときにカラー標識が倒れてしまったら、待っている子どもが手助けに行く優しい姿が見られました。

なるほど解説
まずは手順を覚える
フープを入れてから取るのではなく、カラー標識に置かれているフープを取ってから持っているフープを入れるという手順をまず覚えます。後はA・B・C…と順序良く進んでいきます。その中でチームとして力を発揮できるかどうか、子どものハッスルする姿に期待したいですね。

展開のカギ
横幅を長くとったり、Dを遠ざけたりして、運動量をアップするのもいいでしょう。

137

遊びを通して
●力を合わせて活動する
●周りへの思いやり

自分のことだけでなく、周りにも気を配る

ふたりでボールあつめ!

準備物
フープ、玉入れの玉
●玉入れの玉（オニの宝物）を置く。玉から15mほど離れた場所にフープを置き、ふたり組になって中に入る。

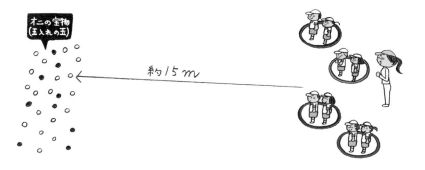

オニの宝物
（玉入れの玉）

約15m

遊んでみました!
二人ともが玉を集めることに集中して、フープをあけてしまう場面もありましたが、玉を取られて役割を分担していました。

①二人一組で玉を集める

二人組で玉を集めます。玉は1回につき一つしか取れません。これを繰り返し遊びます。

②役割分担をして玉を集める

保育者がオニになります。二人組のうち、一人は玉を取りに行き、もう一人はフープの中で留守番をして玉を守ります。二人ともフープの外に出てしまった場合、オニがフープの中の玉を持ち出して中央に返せます。最後に玉の数が一番多い二人組が勝ちです。

あそびのコツ
子ども同士で作戦を立てられるように、ルールだけを伝えよう。

とった〜!

しまった…
だれもいないからとっちゃおう〜

なるほど解説

二人の協力に仲間への思いやり

この遊びは、オニの出現によって状況が一転します。二人で声を掛け合い、宝物を守ります。また、周りの子どもにも声を掛けて協力できるといいでしょう。声の掛け合いは友達への力を貸す、気を配る活動につながります。

展開のカギ

●距離を離して遊びます。
●オニの人数を増やします。
●オニが寝る時間（二人で取りに行ってもよい時間）を入れます。

4〜5歳児

チームでリレーを楽しむ☆

ジグザグフープリレー

カラー標識に円形バトンを入れて戻り、速さを競う

チームで順番を決め、最初の子どもが円形バトンを持ってスタートします。カラー標識の間をジグザグに走り抜け、一番奥のカラー標識に円形バトンを入れたら真っすぐ戻り、次の子どもにタッチします。2番目の子どもは、奥から2番目のカラー標識に円形バトンを入れて戻ります。同じように繰り返し、最後の子どもは一番手前のカラー標識に円形バトンを入れて戻ります。チーム対抗で速さを競います。

遊んでみました！

競走に燃えてカラー標識を通り過ぎてしまう姿もありましたがそれも楽しんで笑っていました。

なるほど解説

チーム全員で力を合わせる

順番によって走る距離や円形バトンを入れる場所が違ってくるのが難しいところです。同じチームの友達同士で声を掛け合って取り組んでいくのが一番いいでしょう。その中で、自分の役割をきちんと理解し、チームの一員となって力を合わせて遊ぶことができるといいですね。

展開のカギ

●2回戦目では、カラー標識の円形バトンを取って戻ります。
●順番を変えたり、メンバーを入れ替えたりしてもいいでしょう。

4〜5歳児

勝負の楽しさと協調性を感じよう！

ふたりでジャンケン じゃんぷトンネル

遊びを通して
- 友達との関係性を深める
- 友達との協調性

① 電車になってジャンケンをする

異年齢児と二人組になります。初めは4歳児が前、5歳児が後ろの電車になり、相手を見つけて先頭同士でジャンケンをします。

「しゅっぱーつ！」

4歳児　5歳児

「ジャンケンポン！」

② 負けたらトンネル、 勝ったらくぐる

負けたら二人で手をつないでトンネルを作り、勝ちチームがくぐります。

「くぐるよ〜！」

あそびのコツ
相手がくぐりやすいようにトンネルを作りましょう。

③ 長座の上を ジャンプする

続いて負けたチームは長座で向かい合わせに座り、その上を勝ちチームが二人で一緒にジャンプします。

④ タッチして別れ、 次の相手を探す

終わったらタッチをして次の相手を見つけます。このとき、勝ちチームは電車の前後は変わりません。負けチームは前後を入れ替わりスタートします。

タッチ!!

ジャンケンしようー！

つぎはぼくがまえだよ！

うん！！

遊んでみました！
遊びの中でジャンプ、くぐるなど"運動的な要素が入っていて、みんなが楽しんで参加できていました。

なるほど解説
ルールの共有と協調性
4人で協力するということがこの遊びの見せ場。お互いにルールを共有し、楽しみながら相手のことを思いやる気持ちや、子どもの素直さに寄り添えるといいですね。

展開のカギ

いっしょにしよう

新しいペアで遊んでみましょう。

5歳児

ルールの理解と友達への思いやり

なわとび電車で ハッスル!

① 運転士・お客さん・車掌を決める

3人一組になり、運転士・お客さん・車掌を決めます。運転士が短縄の持ち手を持ち、お客さんが中に入って、車掌は短縄の外から縄を持ちます。その状態で進み、カラー標識を一周一回り、むこう駅に行きます。

あそびのコツ

カラー標識を置き、期待感をもてるようにする。

あそびのコツ

初めはむこう駅まで行って帰るだけにし、ローテーションを理解する。

むこう駅

こっち駅

運転士　お客さん　車掌

\しゅっぱ～つ!/

\いそげ～!/

② むこう駅で縄くぐりをして折り返す

運転士、車掌が縄の高さを調整したら、お客さんは中から跳び越し、縄くぐりをして電車に戻ります。帰りもカラー標識を回って次走者へ。次の順番が回ってきたときは、お客さん→運転士、車掌→お客さん、運転士→車掌というようにローテーションしていきます。

\ぴょんっ！/

遊んでみました！
しぜんと友達同士で声を掛け合い協力する姿があり、達成感を味わいながら何度も楽しんで遊んでいました♪

言葉のやり取りでルールの共有

様々なルールを理解できるかどうかというところがカギになります。周りの友達との協力や言葉のやり取りで理解を深めていくでしょう。

むこう駅での内容に変化をつける。
（例：波ジャンプ、大波小波、回す　など）

\つぎはくぐって〜/

143

5 歳児

腕支持、腹筋、首の力！

手押し車で ラッコゲーム

遊びを通して
● 腕支持、バランス
● 協調性

準備物
玉入れの玉、マット
● 玉を中央で帯状に並べ、両端にマットを敷く。

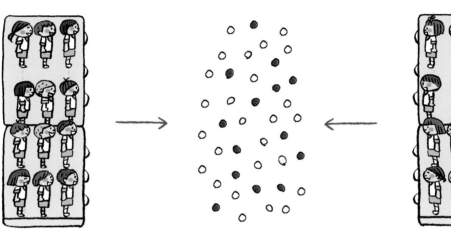

1 **手押し車で玉を取りに行く**

3人一組になり、手押し車（Ⓐは車、ⒷⒸは片足ずつ持つ）でマットからスタートし、中央の玉を取りに行きます。

スタート！

とった！

あそびのコツ
足首を持って進みましょう。

Ⓑ Ⓒ Ⓐ

② 玉を取ったらラッコで戻る

玉を取ったら、手押し車からラッコに体勢を変えます。ⒷⒸは一度Ⓐの足から手を離して、Ⓐがあおむけになったら再び足を持って後ろに引いて進みます。マットに戻ったら玉を置き、役割をローテーションして繰り返します。玉の数が多いチームの勝ちです。

もどるよ？！

あそびのコツ

ラッコ役は頭を上げましょう。

遊んでみました！

コツをつかむとしぜんと勝つために励まし合いながらゲームを楽しんでいました。

なるほど解説

思いやりが力になる

足を持つ子どもが焦って進むと、車役の子どもは進みにくくなります。力を一定に合わせて、車役の友達を応援できればいいでしょう。足を離すときも優しさを忘れないなど、単に競うだけではなく、友達への思いやりも育てていきます。

展開のカギ

紅白などチーム対抗で遊びます。

5歳児

チームの仲間として大いに力を発揮！

おしりすりすり手のひらホッケー

遊びを通して
● 仲間意識をもつ
● 全身運動

準備物
マット、カラー標識、ゴムボール（手でついて弾むものが望ましい）

お山座り＆手のひらでホッケーをする

3〜5名程度でチームをつくり、お山座りでホッケーをします。ボールは手ではじいて相手のゴールに入れます。1分たったらサイドの子どもと交代します。

あそびのコツ
サイドの子どもはイスなどに座る。

あそびのコツ
ボールが外に出たらすぐに予備ボールを入れ、ブランクをつくらない。

サイド

レフリー

ゴール

ゴール

プレイヤー

プレイヤー

サイド

【ルール】

プレイヤー
①お山座りで移動する。
②ボールは必ず手のひらで。
③ボールを持たない。

サイド
①ボールが来たら中に戻す。
②ボールが大きく出たら拾いに行く。

レフリー（保育者の配慮）
①ボールが出たら中に入れるよう声を掛ける。
②ボールが大きく外れたら予備のボール（色違い）をコートに入れる。

なるほど解説

クラス全体でゲームを楽しむ
得点が入るようになると、友達同士でどのようにすれば点数を入れたり守れたりするのか言葉を交わすようになってきます。友達と一緒に真剣になって楽しめる時間や、体を思い切り動かして活動する機会をつくることが大事でしょう。

おしりすりすり手のひらホッケー

えいっ!

\はいるかな!?/

遊んでみました!

初めは
「むずかしい!」と言って
いましたが、少しずつ力の
加減が分かり、友達に
パスを出しながら
遊べるようになりました。

ゴール!!

展 開 の カ ギ

トーナメント戦や総当たり戦など、
○○カップと題して遊んでみま
しょう。

○○カップ

ゆうしょうだ〜!

147

3・4・5歳児

玉を集めたり分けたりして協力！

あつめてジャンプ・ひろってジャンプ

遊びを通して
- 異年齢児で息を合わせる
- 目標に向かって力を合わせる

準備物
フープ、カラー標識、玉入れの玉、円形バトン、カゴ
● フープを3列（右から3本、5本、4本）並べ、玉入れの玉を一つずつ入れておく。

① 玉を集めてカゴに入れる

異年齢児でバトンを持ってつながり、合図で同時にスタート。
前方のカラー標識にバトンを通したら、それぞれが自分の年齢
のコースにある玉を集めていき、カゴに入れます。

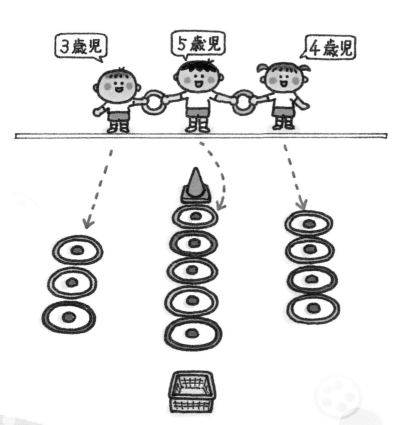

なるほど解説

異年齢あそびならではの育つ要素

5歳児は3・4歳の走るスピードをコントロールできるように声を掛けるなど、5歳児にしかできない役割を学びます。玉の出し入れでは一人ひとりが力を発揮したり、再びバトンを持って3人で息をそろえて走ったりするなどの育つ要素がたくさん含まれています。

展開のカギ

- 玉を集め、最後は玉入れのように投げてカゴに入れてもいいでしょう。
- 玉の数を増やしてみましょう。

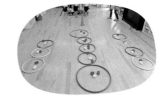

スタート！

遊んでみました！

３歳児は、4・5歳児の姿を見よう見まねで参加していました。何度か遊ぶうちに内容を理解して楽しんでいましたが、何より、4・5歳児と同じように遊べたことがうれしそうでした！

② 玉を取ってフープに戻す

３人が玉を入れ終わったら、バトンを取って次のチームに渡します。次のチームはバトンを同様に扱い、カゴに入っている玉をフープの数だけ拾って、フープの中に置いていきます。繰り返し遊びます。

なんこいるかな～？

3・4・5歳児

3　4　5

各年齢での子どもの役割を

フープでGO! GO!

遊びを通して
- 簡単なルールを共有
- 異年齢で力を合わせる

準備物
フープ（6本）、ひも、カラー標識
- フープをひもでつなげる。

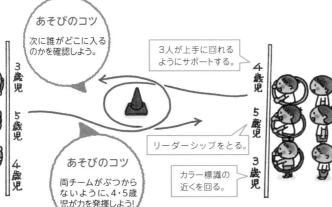

あそびのコツ
次に誰がどこに入るのかを確認しよう。

3人が上手に回れるようにサポートする。

あそびのコツ
年齢ごとに人数を合わせなくてもOK！次は違うメンバーで楽しもう！

リーダーシップをとる。

あそびのコツ
両チームがぶつからないように、4・5歳児が力を発揮しよう！

カラー標識の近くを回る。

① 3人一組でスタート

フープの真ん中に5歳児、右に4歳児、左に3歳児が入ります。合図で出発し、カラー標識を回って戻ります。

4歳児　5歳児　3歳児

② 次のチームにバトンタッチ

次のチームにバトンタッチをしたら、5歳児はそれぞれの列まで異年齢児を誘導します。繰り返し遊びましょう。

こうたい！！

遊んでみました！
戸惑う3歳児を見て5歳児が「こっちだよ」と優しく声をかけながら一緒に遊びを楽しんでいました。

展開のカギ

カラー標識をもう1本増やしてスタートし、二つのカラー標識を回って戻ります。

なるほど解説

異年齢児と遊ぶ楽しさを経験する

異年齢間での初めての関わりです。5歳児がお世話をする姿や、3・4歳児が雰囲気を楽しむ姿などが見られます。3歳児は異年齢児と一緒に遊ぶ楽しさを経験してみましょう。

第五章　集団ゲーム

3　4　5

3・4・5歳児　集団ゲーム　フープでGO！GO！‥へい！フープタクシー

3・4・5歳児

子どもたちが主体的になって遊ぼう！

へい！　フープタクシー

遊びを通して

思いやりを感じる

準備物

フープ、カラー標識

②向かいの目的地まで進む

①お客さんを一人乗せる

③目的地でお客さんを降ろす

④回送タクシーで戻る

※1チーム40人を想定

❶ フープタクシーでお客さんを運ぶ

異年齢児2チームで遊びます。二人一組でフープを持ってタクシーの運転士になります（5台程度）。タクシーは自分のチームのお客さんを一人乗せて（フープの中に入ってもらう）向かいの目的地まで進みます。

あそびのコツ

お客さんを乗せるときは、名前を呼んであげよう。

思いやりや楽しさを感じて

誰がどのポジションに行っても楽しめます。運転を楽しんだり、お客さんとして乗車することを喜んだりと、感じることは様々です。遊びを通して、異年齢間での関わりで見られる思いやりや楽しさを全員で感じ、5歳児が卒園しても次年度につながりをもてるようにしていきましょう。

※運転士はお客さんのスピードに合わせましょう。
※どの年齢が運転士になってもOK！

❷ 回送タクシーになって戻る

お客さんを降ろしたら回送タクシーになって自分のチームへ戻り、残りのお客さんを一人ずつ運びます。全員を早く運べたチームの勝ち。交代して繰り返し遊びましょう。

遊んでみました！

3歳児は4・5歳児に引っ張ってもらいゲームを楽しめていました。スピードを競うゲームだったのでみんな急いで走っていました。

展開のカギ

お客さんを二人乗せて運び、目的地で役割を交代しましょう。

いってらっしゃい

ありがとうございました

かいそうタクシーでーす

4～5歳児

遊びを通して
- チームとしてのまとまり
- 判断力

友達との言葉のやり取りが勝利への道

チームでゴーマット！

準備物　マット

チーム全員でマットに移動する

合図でスタートし、チーム全員で同じマットに移動します。
一番早く移動できたチームが勝ちです。

あそびのコツ

初めはマットを一列に並べ、コツをつかんだら位置を変えよう。

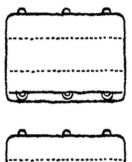
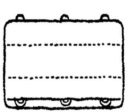
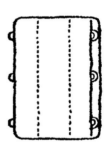

ここにしよう！

遊んでみました！

最初は一人ひとりがマットへ移動し、着いてから「こっち！」と呼び合う姿が見られました。しかし、繰り返し遊ぶことで、チームで話し合ってどのマットにするか決めてスタートしていました。

なるほど解説

チームで協力して行動する

チーム行動が一番のねらいです。話し合ってみんなで行動できるチーム、分裂するチームと様々に出てくるでしょう。保育者はあまり声を掛けずに見守り、自分たちで問題解決できるようにしていければいいですね。

応用・展開へ

4・5歳児 チームでワッショイマット！

準備物 マット

初めはマットに座り、合図でマットを持ってゴールラインまで運びます。
ゴールラインを越えたらマットに座ります。

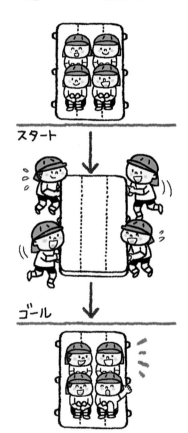

スタート

ゴール

\いそげ～！/

\ゴール!!/

遊んでみました！

持ち方を工夫しようと、マットを半分にしてみたら重くなったように感じ、なかなか進めなかった子どもたちもいました。

※マットの持ち方や高さ、持つ場所など、子どもたちがチーム内で作戦会議をして取り組んでいけるようにしましょう。保育者は見守ります。
※いかに全員でマットを上手に運んでゴールできるかがカギです。

154

4・5歳児 ボール運んでホイサッサ

準備物
マット、フープ、
玉入れの玉（赤・白）

① チームでマットを持ってスタートし、中央まで
運びます（①）。マットの上に赤玉を10個程
度のせたら（②）、落とさないようにスタート
に戻り（③）、フープの中に玉を移します（④）。
※マットにのせる玉の数は、玉の量や子どもの経
験値などから決めましょう。

② 再びマットを持って中央まで運びます（⑤）。
次は白玉をマットにのせてゴールまで進み
（⑦）、同じようにフープの中に玉を移します
（⑧）。移し終えたらマットに座ります。
※速さより正確にできることをねらいとしましょう。
※赤玉ばかりのところに白玉が交ざっていないか、
数が合っているかなど、みんなで確認するのもよい
でしょう。

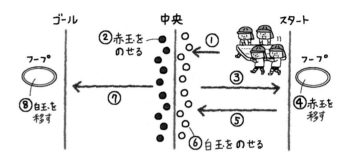

もってきたよ！

\ おとさないように… /

\ うつせた！ /

遊んでみました！
何度も遊んでいると
役割分担をして遊
び始めていました。
コツをつかんで楽しん
でいました。

遊びを通して
● 力を入れて踏ん張る
● 友達と協力する

「ん～っ!」なかなか返らない!

ごろん! ごろん! ごろん!

① うつ伏せになった相手チームをひっくり返す

AチームとBチームに分かれます。Aチームがランダムに広がってうつ伏せになり、Bチームはそれを返しに行きます。Aチームの子どもは返されないように力を入れて踏ん張ります。

せーのっ!

あそびのコツ

まずは、みんなで保育者を返して遊んでみよう。

\ おもた〜い！ /

② たくさん返した
チームが勝ち

制限時間（30〜60秒）が来たら、返した人数を数えます。交代して同様に遊び、返した数の多い方が勝ちです。

> Aチームは8人
Bチームは6人でした！

> かった！

> まけた〜！

Aチーム　　　Bチーム

\ んーっ！！/

考えながら体を動かす

短い時間の中で、返されないように思いっ切り体に力を入れたり、友達を返すために様々な作戦を立ててみたりするでしょう。体と体のぶつかり合いと相手の心理を探る遊びです。

遊んでみました！

初めはすぐに返されていた子どもも、爪先、肘、頭が床から離れないように、全身で踏ん張るようになりました。

応用・展開へ

157

4歳児 **宝さがし探検隊**

準備物

玉入れの玉
（1チーム30個）、マット

① 2チーム（各10人）に分かれて遊びます。赤チームは、赤玉（＝宝物）をマットに置き、上からうつ伏せになって隠します（＝宝の山）。合図で白チームは赤チームを返して宝物を取り、自分のチームの陣地に置きに行きます。

② 制限時間（1〜2分）が来たら合図でストップし、玉の数を数えます。交代して同様に遊び、玉の数の多い方が勝ちです。
※宝物は一個取ったらその都度置きに行き、宝の山は崩れたら再生していきます。

\みつけた!!/

あそびのコツ

初めは一人1個ずつ玉を隠そう。

\たくさん とれた!/

赤チーム　白チーム

遊んでみました!

次第に協力して、子どもを返す、見えた玉を取るなどと役割ができました。

[5歳児] せんべいクルクル競争

① 2チーム（各10人）に分かれて遊びます。各チーム5人ずつ「せんべい」になり、うつ伏せに寝ます。合図で相手チームのせんべいを返しに行きます。自分のチームのせんべいが返された場合はうつ伏せに戻します。

② 制限時間（1〜2分）が来たら、自分のチームのうつ伏せになっている人数＋相手チームのあおむけになっている人数を数え、数の多い方が勝ちです。二回戦はせんべい役を交代して遊びます。

たすかった！　ゴロン

＼おもい〜！／

遊んでみました！

同じチームの友達と協力して2〜3人で返す作戦を考えていました。

著者

小倉　和人（おぐら　かずひと）

KOBEこどものあそび研究所　所長
こどものあそび作家

神戸・明石などの保育園を中心に計4か所、17年間の勤務経験がある。
その後、子どもの遊びと育ちを考える、KOBEこどものあそび研究所を立ち上げる。
乳幼児の運動遊び、親子遊びやパパと子どもだけで遊ぶ父親の子育て支援など、楽しいイベント・研修会などを数多く行なっている。また、乳幼児の遊びの中で身近な物を使って取り組むことにも力を入れ、製作遊びを保育雑誌などに執筆している。著書に『0・1・2　3・4・5歳児の　たっぷりあそべる手作りおもちゃ』『0〜5歳児　ごっこあそびアイディアBOOK』『0〜5歳児　夢中がギュッ！夏のあそびコレクション★』（全てひかりのくに）などがある。

協力

須磨区地域子育て支援センター（兵庫県神戸市）：
池田麻美、田中孝野

認定こども園まあや学園（兵庫県たつの市）：

松本幸子、磯島晶子、北野絵里、石本宗史、田淵加代子、有吉敦子、片岡桃子、塩谷祐子、北川尚子

よこやま保育園（兵庫県三田市）：

西村優里、冨永沙也佳、林山千祥、柴崎ねね、荒田友紀、川原望、前中麻里、池田洋子

STAFF

イラスト／北村友紀、常永美弥、町田里美、みやれいこ
本文デザイン／本間香苗［グリーンエレファント］
編集協力／中井舞［pocal］
校正／株式会社文字工房燦光
企画・編集／安部鷹彦、北山文雄

※園名、所属は執筆当時のものです。
※本書は、『月刊 保育とカリキュラム』2016〜2018年度に掲載された内容の一部を加筆・修正してまとめ、単行本化したものです。

あそびのポッケシリーズ
写真たっぷり！ 3・4・5歳児の運動あそび

2020年2月　　初版発行
2022年7月　　第8版発行

著　者　小倉 和人
発行人　岡本 功
発行所　ひかりのくに株式会社

　　　　〒543-0001 大阪市天王寺区上本町3-2-14
　　　　郵便振替 00920-2-118855　TEL.06-6768-1155
　　　　〒175-0082 東京都板橋区高島平6-1-1
　　　　郵便振替 00150-0-30666　　TEL.03-3979-3112
　　　　ホームページアドレス　https://www.hikarinokuni.co.jp

印 刷 所　大日本印刷株式会社

©KAZUHITO OGURA 2020
乱丁・落丁はお取り替えいたします。

Printed in Japan
ISBN978-4-564-60940-4
NDC376 160P 21×19cm